Gramática e formação
de professores
de língua portuguesa

Universidade Estadual de Campinas

Reitor
Paulo Cesar Montagner

Coordenador Geral da Universidade
Fernando Antonio Santos Coelho

Conselho Editorial

Presidente
Edwiges Maria Morato

Carlos Raul Etulain – Cicero Romão Resende de Araujo
Dirce Djanira Pacheco e Zan – Frederico Augusto Garcia Fernandes
Iara Beleli – Marco Aurélio Cremasco – Pedro Cunha de Holanda
Sávio Machado Cavalcante – Verónica Andrea González-López

Aquiles Tescari Neto

Gramática e formação de professores de língua portuguesa

EDITORA UNICAMP

FICHA CATALOGRÁFICA ELABORADA PELO
SISTEMA DE BIBLIOTECAS DA UNICAMP
DIVISÃO DE TRATAMENTO DA INFORMAÇÃO
Bibliotecária: Gardênia Garcia Benossi – CRB-8ª / 8644

T281g   Tescari Neto, Aquiles, 1983-
         Gramática e formação de professores de língua portuguesa / Aquiles
     Tescari Neto – Campinas, SP : Editora da Unicamp, 2025.

         1. Língua portuguesa – Gramática.   2. Referência (Linguística).
     3. Análise linguística. 4. Professores - Formação. 5. Gramática gerativa.
     I. Título.

CDD – 469.5
– 401.456
– 410.18
– 69.07
– 415.01822

ISBN: 978-85-268-1737-1

Copyright © by Aquiles Tescari Neto
Copyright © 2025 by Editora da Unicamp

Opiniões, hipóteses e conclusões ou recomendações expressas
neste livro são de responsabilidade do autor e não
necessariamente refletem a visão da Editora da Unicamp.

Direitos reservados e protegidos pela lei 9.610 de 19.2.1998.
É proibida a reprodução total ou parcial sem autorização,
por escrito, dos detentores dos direitos.

Foi feito o depósito legal.

Direitos reservados a

Editora da Unicamp
Rua Sérgio Buarque de Holanda, 421 – 3º andar
Campus Unicamp
CEP 13083-859 – Campinas – SP – Brasil
Tel.: (19) 3521-7718 / 7728
www.editoraunicamp.com.br – vendas@editora.unicamp.br

Série EXTENSÃO UNIVERSITÁRIA

A Série Extensão Universitária está voltada à divulgação das contribuições, teóricas e metodológicas, das iniciativas de caráter extensionista da Universidade Estadual de Campinas. As obras tratam de tecnologias, programas, conhecimentos e metodologias referentes a várias áreas de atuação acadêmica e profissional de grande interesse social. Tratam também da divulgação, da formação e da inovação científica, bem como da capacidade de diálogo e de trabalho conjunto da Universidade com a sociedade.

Sumário

Figuras e siglas 11

Apresentação 13

Introdução 19

1 – Dos sentidos de "Linguística na escola" 29

    Introdução 30

    1.1 Primeira acepção: adoção de uma ou mais teorias
    (de linguagem) que fundamenta(ria)m epistemologicamente
    as atividades de ensino 33

    1.2 Segunda acepção: assunção de contribuições metodológicas
    de teorias linguísticas ao ensino de língua materna 40

    1.3 Terceira acepção: tentativa de levar à escola tópicos
    de investigação da pesquisa dos linguistas 45

    1.4 Síntese do capítulo 51

    1.5 Cenas do próximo capítulo 53

2 – Das duas frentes do ensino de gramática 55

    Introdução 56

    2.1 A primeira frente do ensino de gramática: reflexões sobre
    a norma tomada como referência 59

        2.1.1 Dos conceitos de norma em Faraco 59

2.1.2 Do *continuum* tipológico dos gêneros textuais
e do lugar da norma tomada como referência...................... 67

2.1.3 De volta à primeira frente do ensino de gramática:
o lugar do ensino da norma nas aulas de língua portuguesa. 78

2.2 A segunda frente do ensino de gramática:
a análise linguística.. 79

2.2.1 Do uso da metalinguagem na análise linguística:
algumas notas... 81

2.3 Síntese do capítulo 88

2.4 Cenas do próximo capítulo 89

3 – Do lugar dos julgamentos de aceitabilidade no ensino
de gramática... 91

Introdução 92

3.1 Dos conceitos de gramática...................................... 96

3.2 Dos julgamentos de aceitabilidade............................. 102

3.3 Da teoria à sala de aula: os julgamentos de aceitabilidade
em aulas de língua portuguesa...................................... 110

3.3.1 Do emprego de julgamentos de aceitabilidade
no âmbito da primeira frente, a das normas gramaticais....... 111

3.3.2 Do emprego de julgamentos de aceitabilidade
no âmbito da segunda frente, a da análise linguística........... 118

3.4 Síntese do capítulo... 123

3.5 Cenas do próximo capítulo 124

4 – Gramática internalizada e ensino da norma............................. 127

Introdução... 128

4.1 O ensino da norma-padrão de referência por meio
da comparação com variedades não padrão: o caso das subordinadas
adjetivas 130

4.2 Da regência verbal nos livros do PNLD e do uso
da introspecção no ensino de língua portuguesa........................ 141

4.3 Síntese do capítulo... 152

4.4 Cenas do próximo capítulo 154

5 – Gramática internalizada e análise linguística:
em foco, o ensino da sintaxe 155

Introdução 156

5.1 A estrutura dos sintagmas e o conceito
de "constituência" 160

5.2 As categorias sintáticas e o papel da coordenação
na diagnose de tais categorias 168

5.3 Livros didáticos do PNLD e o ensino dos objetos
de conhecimento de EM13LP08 177

5.4 Estrutura dos sintagmas, categorias sintáticas
e produção textual: EM13LP08 em prática 184

5.5 Síntese do capítulo 188

5.6 Cenas do próximo capítulo 189

Considerações finais 191

Referências bibliográficas 197

Figuras e siglas

Índice das figuras

Figura 1.1 – Comentários, no Instagram, à postagem indicada em (1)

Figura 2.1 – O *continuum* tipológico dos gêneros textuais

Figura 3.1 – Da definição de "gramática descritiva" pelo ChatGPT

Figura 5.1 – Bonequinhas russas ou "matrioscas"

Siglas e abreviaturas usadas

A – adjetivo

Adv – advérbio

BNCC – Base Nacional Comum Curricular

EF – Ensino Fundamental

EM – Ensino Médio

língua-E – língua externalizada

língua-I – língua internalizada

N – nome (substantivo)

NGB – Nomenclatura Gramatical Brasileira

Nurc – Norma Urbana Culta (projeto)

PB – português brasileiro

PE – português europeu

PCNs – Parâmetros Curriculares Nacionais

PNLD – Programa Nacional do Livro Didático

SA – sintagma adjetival

SAdv – sintagma adverbial

SN – sintagma nominal

SV – sintagma verbal

V – verbo

Volp – Vocabulário Ortográfico da Língua Portuguesa

APRESENTAÇÃO

O ensino de línguas é um dos domínios de aplicação da linguística, que permite hierarquizar aprendizagens em função da complexidade dos fenômenos linguísticos envolvidos e também permite encontrar estratégias adequadas à resolução de problemas suscitados pela consolidação das competências linguísticas aprendidas. [...] A formação de professores é outra das áreas em que se torna indispensável a aplicação dos conhecimentos em linguística. Nesta formação há que se considerar a pré-graduação e a pós-graduação. Normalmente, os professores de língua recebem uma formação geral e teórica na licenciatura [...], com uma componente prática dirigida para o domínio das línguas em que se preparam.

Mateus & Villalva

No Brasil, a Linguística está presente no currículo dos cursos de Letras desde os anos 1960, graças a uma resolução do Conselho Federal de Educação, de dezembro de 1961 (Vandresen, 2001). São, então, 60 anos da presença dos estudos linguísticos na formação dos futuros professores de língua portuguesa. De lá para cá, foram muitas as contribuições da Linguística – e continuam felizmente ainda sendo – à formação do professor de língua portuguesa, contribuições estas proporcionadas pelas mais diversas teorias linguísticas praticadas em território nacional. Tantas dessas contribuições foram propiciadas pela implementação e pelo desenvolvimento, ao longo desses mais de 60 anos, de diferentes teorias linguísticas, desde a chegada, sobretudo com Mattoso Camara Junior, do Estruturalismo no país.

No âmbito específico do ensino de gramática, os mais diversos paradigmas teóricos têm dado contribuição ímpar à formação inicial e continuada dos professores, num movimento que também acompanhou, em parte, o desenvolvimento mesmo das teorias em território nacional (cf. Ilari, s.d.; veja-se também a seção de "Introdução" no capítulo 1).

Este livro tem como objetivo geral contribuir com a formação do professor de língua portuguesa tanto na graduação quanto em iniciativas de formação continuada (aos professores já graduados), voltando-se, contudo, a um dos seus eixos de trabalho: o ensino de gramática. Para isso, o livro cuidará de oferecer contribuições – sobretudo metodológicas (cf. especialmente os capítulos 3 e 4) – dos estudos linguísticos a duas frentes do ensino de gramática identificadas em Tescari Neto & Souza de Paula (2021): a frente que cuida do ensino da norma tomada como referência e a que cuida da análise de fatos gramaticais (sem vinculação necessária com propósitos prescritivos), também referida nos documentos oficiais como "análise linguística". O livro é direcionado principalmente a estudantes de licenciatura em Letras e a professores de língua portuguesa do Ensino Médio, mas, como se verá ao longo dos capítulos, muitas das propostas servirão também ao ensino de gramática nos anos finais do Ensino Fundamental, de modo que o livro se destina também ao professor de língua portuguesa que atua do sexto ao nono anos.

O que se apresenta aqui ao estudante de licenciatura em Letras e ao(à) colega professor(a) (em formação continuada) é resultado de um trabalho que tenho desenvolvido na Universidade Estadual de Campinas (Unicamp) tanto na graduação (na oferta de disciplinas na licenciatura em Letras: HL804 – "Linguística e Ensino de

Português" – e HL071 – "Estágio Supervisionado") quanto e sobretudo na extensão universitária (em cursos que tenho oferecido pela Extecamp, a Escola de Extensão da Unicamp).

Por essa nossa escola de extensão, tenho ministrado, algumas vezes inclusive em conjunto com orientandos de pós-graduação, cursos de formação continuada a professores de língua portuguesa e pedagogos. Graças a esses cursos – "Sintaxe e a formação do professor de português" (oferecido quatro vezes até a presente data), "Gramática na ponta do lápis" (nove vezes oferecido até então), "Gramática para professores de língua portuguesa" (oferecido duas vezes) e o recém-implementado "Elementos de análise sintática para professores de língua portuguesa" (oferecido pela primeira vez no primeiro semestre de 2024) –, tenho tido o privilégio de um contato mais próximo com os colegas que estão na "linha de frente": os professores da Educação Básica. Tenho aprendido muito com eles. Os comentários, perguntas e indagações dos colegas professores nas aulas desses cursos têm contribuído de maneira insigne com a minha pesquisa em "Linguística Educacional". Sou imensamente grato a esses colegas! E o trabalho que eu e meus orientandos desenvolvemos na Extecamp nos cursos de extensão tem refletido uma tentativa de nosso grupo de pesquisa, o "LaCaSa",[1] registrado no diretório dos grupos de pesquisa do CNPq,[2] de levar à comunidade alguns dos resultados das nossas pesquisas em Linguística Educacional. Assim, mesmo as pesquisas de cunho puramente teórico acabam, de alguma forma, na Extensão, sendo "ressignificadas", de modo a possibilitar que o conhecimento produzido por elas auxilie nas mais diferentes esferas da vida, em particular no âmbito da formação do professor de língua portuguesa. A epígrafe desta "Apresentação",

---

[1] Disponível em <https://is.gd/LaCaSaUnicamp>. Acesso em 31/8/2024.
[2] Disponível em <http://dgp.cnpq.br/dgp/espelhogrupo/757458>. Acesso em 31/8/2024.

16 | APRESENTAÇÃO

por duas ilustres linguistas portuguesas – uma delas, já de saudosa memória, Maria Helena Mira Mateus –, deixa claro que um dos domínios de aplicação dos estudos linguísticos é o ensino de línguas. Uma pesquisa essencialmente teórica pode ter contribuições inclusive metodológicas para o ensino de língua portuguesa, o que não é pouco. E o livro, conforme veremos ao longo dos capítulos, vai essencialmente ao encontro deste propósito: o de contribuir, sobretudo metodologicamente, com o ensino de gramática. Para isso, no plano teórico, recorro a desenvolvimentos da Teoria da Gramática Gerativa iniciada por Noam Chomsky (cf. especialmente o capítulo 3, onde alguns aspectos conceituais dessa teoria são revisitados).

Gostaria de agradecer aos meus orientandos e às minhas orientandas do LaCaSa, que gentilmente leram – e discutiram em nossos encontros – os capítulos aqui apresentados. Agradeço também aos dois pareceristas anônimos da Editora da Unicamp que, com suas ponderações e críticas, fizeram a versão final ganhar em qualidade! Um agradecimento mais do que especial vai também ao ilustre time de renomados linguistas que compuseram a banca do concurso de livre-docência que prestei na Unicamp para a área de "Teorias Linguísticas e Ensino de Língua Portuguesa" em maio de 2024. Foram eles, os professores: Edwiges Maria Morato (Unicamp), Emílio Gozze Pagotto (Unicamp), José Borges Neto (UFPR), Maria Aparecida Corrêa Ribeiro Torres Morais (USP) e Violeta Virginia Rodrigues (UFRJ). Deles recebi muitos *feedbacks* na prova de arguição e sou-lhes bastante grato por isso. Algumas das seções do "exemplar do conjunto da produção", aqui referido como Tescari Neto (2023) e entregue na ocasião da inscrição àquele certame, acabaram – depois de intensa atividade de "reescrita" e de muitos acréscimos – dando lugar aos capítulos 1, 2 e 3 que aparecerão na sequência. Por fim – e não menos importante –, agradeço à brilhante equipe da Editora da Unicamp: Edwiges Morato (diretora), Ricardo Lima (coordenador editorial) e, em especial, Luis Dolhnikoff e Lúcia Helena Lahoz

Morelli, pelo cuidado na revisão do manuscrito. Este livro é publicado na série Extensão Universitária, uma louvável iniciativa da Editora da Unicamp, em parceria com a Pró-Reitoria de Extensão, Esporte e Cultura (Proeec). Essa parceria – que resultou na publicação do Edital "Pesquisa e Ensino na Extensão Universitária da Unicamp" (2024/2025), possibilitando a submissão de manuscritos alinhados ao espírito extensionista – reflete o compromisso da Universidade com ações voltadas à sociedade (no caso deste livro, em particular, com ações voltadas aos alunos de licenciatura em Letras e aos professores em formação continuada).

Introdução

> O aspecto mais marcante da competência linguística é o que podemos chamar de "criatividade da linguagem", a saber, a capacidade do falante para produzir frases novas, sentenças que são imediatamente compreendidas por outros falantes embora não tenham qualquer semelhança física com sentenças que lhes sejam "familiares".
>
> *Noam Chomsky*

Essa passagem de Chomsky – que originalmente apareceu em *Topics in the Theory of Generative Grammar* – soa como um poema aos ouvidos do linguista, sobretudo o de orientação gerativista, interessado em contribuir com o ensino de gramática na escola. É essa criatividade que permite a um falante, a partir de um número finito de elementos linguísticos, formular, recorrendo sempre aos mesmos princípios de formação das estruturas – alguns dos quais são detalhados ao longo dos cinco capítulos deste livro –, sentenças não antes formuladas. Explorando mecanismos estruturais bastante simples em essência – e sem a necessidade de qualquer treino –, o falante vai juntando as palavras em constituintes – os tradicionais "termos da oração", explorados na análise sintática da escola e sobre os quais falaremos sobretudo, mas não exclusivamente, no capítulo 5 – e reunindo esses constituintes em sentenças que, juntas, comporão unidades maiores até chegar ao texto (seja ele oral ou escrito).

Embora não seja a única competência envolvida na produção de textos em situações de interação,[1] essa competência, a linguística, tem recebido atenção especial não só de estudiosos interessados em descrever as propriedades caracterizadoras dos sistemas gramaticais das mais diversas línguas – para, com base em exame comparativo, chegar a uma formulação do que hipoteticamente estaria na base de uma gramática inicial comum, a "Gramática Universal" (dela falaremos ao longo do capítulo 3) – como também de muitos linguistas interessados em contribuir com o ensino de gramática na escola, muito no espírito do que se convencionou chamar de "Linguística Educacional" (Gee, 2001; I. Duarte, 2008).[2] Compete à "Linguística Educacional" – considerando-se o que é produzido em determinado quadro teórico de referência – contribuir com questões

---

[1] Há também, p.ex., a "competência comunicativa" (Del Hymmes, 1966, 1972), que tem a ver com a capacidade dos indivíduos de utilizarem a língua de maneira adequada nas mais diversas situações de interação: tem a ver, em linhas gerais, com "o que dizer", "como dizer", "para que dizer" e "a quem dizer". Travaglia (2002) reconhece também uma outra competência, a "textual", que corresponderia à "capacidade de, em situações de interação comunicativa, [o usuário de língua] produzir e compreender textos considerados bem formados" (p. 18).

[2] O Grupo de Trabalho de Teoria da Gramática da Anpoll tem utilizado o termo "Linguística Educacional" para se referir ao conjunto de contribuições da Linguística Teórica ao ensino, incluindo aí o ensino de gramática. Em 6 de outubro de 2021, durante o "encontro intermediário do GT", houve um simpósio específico para a Linguística Educacional. Disponível em <http://gtteoriadagramatica.letras.puc-rio.br/workshop-i/>. Acesso em 29/8/2024. O termo "Linguística Educacional" tem sido utilizado à larga por linguistas brasileiros comprometidos com questões educacionais. Vejam-se, p.ex., os projetos extensionistas do NEG/UFSC sob essa rubrica. Disponível em <https://neg.cce.ufsc.br/extensao/>. Acesso em 29/8/2024.

educacionais gerais relacionadas à aprendizagem de línguas, incluindo a materna, e à formação de professores. Para tanto, os linguistas interessados em contribuir com questões educacionais geralmente lançam mão de um conjunto de pressupostos do paradigma teórico a eles afeito. Nesse sentido, as contribuições, p.ex., de um gerativista – estudioso da teoria de Chomsky – ao ensino de gramática tenderão a levar em consideração o núcleo duro que caracteriza o gerativismo como paradigma, valendo a mesma observação, p.ex., para as contribuições dos funcionalistas: os linguistas que trabalham com abordagens centradas no uso (e são várias as vertentes teóricas do funcionalismo: cf., p.ex., a seção 1.1 do primeiro capítulo) tenderão a oferecer contribuições afeitas a teorias funcionalistas. Isso significa, na prática, que os desdobramentos das contribuições por linguistas de diferentes paradigmas teóricos poderão ser, e com muita certeza serão, distintos, haja vista que em Linguística – e não será diferente na subárea que se convencionou chamar de "Linguística Educacional – "o ponto de vista cria o objeto" (Saussure, 2006, p. 15).[3] Convém, no entanto, reconhecer a "Linguística Educacional" não como separada da Linguística Teórica, porquanto as contribuições ao ensino derivam necessariamente das formulações teóricas desenvolvidas no âmbito de um quadro teórico de referência.

De volta à competência linguística sobre a qual falamos já no primeiro parágrafo – e agora buscando situá-la no bojo das preocupações da Linguística Educacional –, o papel do linguista interessado em contribuir com o ensino – e falemos agora especificamente do ensino de gramática – é sobretudo o de "tornar explícito o conhecimento gramatical que os falantes inconscientemente usam quando falam" (Cecchetto, 2002, p. 21, tradução própria). Mas qual conhecimento gramatical cumpre ao linguista interessado em contribuir com educação – e ao professor de língua materna – explicitar ao alunado?

---

[3] Sobre isso, veja-se a seção de "Introdução" do capítulo 3.

Para responder a essa questão, vou-me valer aqui da formulação de Tescari Neto & Souza de Paula (2021), que será pormenorizada no capítulo 2, sobre o que lá chamamos de "as duas frentes do ensino de gramática". Na Educação Básica e na formação dos professores de língua portuguesa, duas são as frentes do ensino de gramática maiormente trabalhadas: uma envolve reflexões sobre a norma que serve como referência – mencionada na Base Nacional Comum Curricular (BNCC) como "norma-padrão" (mas veja-se o capítulo 2, sobretudo a seção 2.1); a outra envolve reflexões sobre a estrutura da língua, no que se convencionou chamar de "análise linguística" (Geraldi, 1984; Mendonça, 2006).

Isso posto, o conhecimento gramatical que cumpre ao linguista explicitar ao alunado é o conhecimento sobre a gramática do próprio estudante, gramática esta aprendida no seio familiar, sem nenhum treino ou esforço e sobre a qual falaremos à larga especialmente na seção 3.1 do capítulo 3. Considerando, agora, as duas frentes do ensino de gramática mencionadas no parágrafo anterior, cumpre à Linguística Educacional:

    (i) *em vista da frente que se volta à norma-padrão tomada como referência*: oferecer subsídios metodológicos ao professor de língua portuguesa para que ele possibilite o acesso dos alunos à norma, partindo de uma descrição da gramática dos próprios alunos (cujas variantes – i.e., as formas de "dizer a mesma coisa" – serão comparadas com as variantes encontradas na *norma-padrão tomada como referência*). Sobre isso vamos tratar na seção 2.1.3 do capítulo 2, na seção 3.3.1 do capítulo 3, e no capítulo 4 como um todo;

    (ii) *em vista da frente que se volta à análise linguística* – e limitemo-nos aqui a fatos gramaticais: oferecer subsídios sobretudo metodológicos ao professor de língua portuguesa, subsídios estes que possam auxiliá-lo na análise dos fatos gramaticais que integram o currículo. Assim, no âmbito

do estudo das funções sintáticas, cumpre à Linguística Educacional oferecer, p.ex., instrumentos diagnósticos que, com as devidas adaptações didáticas (cf. seção 1.1 do capítulo 1), auxiliem o professor e, consequentemente, os alunos na identificação das mais diversas funções (e sempre levando em conta o conhecimento internalizado do aluno). Sobre as contribuições da Linguística Educacional à análise linguística, vejam-se as seções 2.2 (capítulo 2) e 3.3.2 (capítulo 3), bem como o capítulo 5 (na íntegra).

O livro tem por objetivo – conforme já antecipado na "Apresentação" – contribuir, sobretudo no âmbito das duas frentes supramencionadas do ensino da gramática, com a formação do(a) aluno(a) de licenciatura em Letras – futuro(a) professor(a) de língua portuguesa no Ensino Médio e nos anos finais do Ensino Fundamental – e do(a) professor(a) de língua portuguesa em formação continuada. Para isso, recorre a pressupostos da Gramática Gerativa, teoria desenvolvida pelo linguista Noam Chomsky e seus colaboradores (cf. capítulo 3, que revisita alguns desses pressupostos).

Para ir ao encontro desse objetivo, o livro conta com cinco capítulos (para além desta "Introdução" e das "Considerações finais"). Os três primeiros, de cunho "mais teórico" – mas não somente, visto que serão oferecidos, sempre que possível, exemplos inclusive de análise (afinal de contas, nossa área, a Linguística, é essencialmente empírica) –, cuidarão de preparar o terreno para os capítulos 4 e 5, de viés mais "aplicado": é nesses capítulos que os conhecimentos introduzidos nos três primeiros são exemplificados, tendo em conta um pressuposto fundamental (apresentado na seção 1.2 do capítulo 1): "Linguística na escola" não é para ser entendida como o esforço para a substituição dos objetos de conhecimento e habilidades que constam na BNCC por objetos de investigação e questões de investigação dos linguistas, por mais interessantes que tais objetos e questões possam parecer ser. Nesse sentido, o livro não sugerirá em momento algum a troca dos "conteúdos" ou objetos de conhecimento da BNCC por outros conteúdos ou objetos de conhecimento – resultantes, p.ex., de pesquisas em Linguística Teórica. Antes, o livro terá por objetivo sugerir, relativamente a esse particular, que a Linguística Teórica pode, e muito, contribuir, sobretudo metodologicamente, com as questões e os objetos de conhecimento tradicionalmente já trabalhados na escola e que constam na BNCC.

O capítulo 1 cuida de explicar, considerando especialmente o contexto do ensino de gramática, três possíveis acepções de "Linguística na escola". Assim, veremos que o termo pode significar: (*i*) a adoção de uma ou mais teorias (de linguagem) que fundamenta(ria)m no plano teórico as atividades de ensino (seção 1.1); (*ii*) a assunção de contribuições metodológicas de teorias linguísticas ao ensino de língua materna – e deverá ficar claro no decorrer dos capítulos que essa será a acepção que guiará a proposta avançada ao longo do livro – e (*iii*) a tentativa de levar à escola tópicos de investigação da pesquisa dos linguistas.

O capítulo 2 revisitará a discussão de Tescari Neto & Souza de Paula (2021) sobre as duas frentes do ensino de gramática, mencionadas parágrafos acima. Para "introduzir" a primeira das duas frentes (seção 2.1), será revisitada a tipologia de normas de Faraco (2008) e o *continuum* dos gêneros textuais (Koch & Oesterreicher, 2013; Marcuschi, 2004, 2010), o que permitirá, com apoio em Tescari Neto & Bergamini-Perez (2023), justificar o lugar do ensino da norma-padrão que serve como referência (seção 2.1.3). A segunda frente do ensino de gramática, a da análise linguística, será o foco da discussão da seção 2.2, que inclusive trará algumas notas sobre a importância da metalinguagem na prática de análise linguística (seção 2.2.1).

O capítulo 3 se volta à apresentação de um expediente metodológico típico da *démarche* dos gerativistas: os julgamentos de aceitabilidade. Considerados por Chomsky (1986, 1994) um "experimento", tais julgamentos – que permitem aferir o conhecimento do indivíduo sobre a gramática que adquiriu naturalmente em casa – têm sido explorados à larga pela Linguística Educacional de base gerativista no Brasil. Não será diferente neste livro. No plano metodológico, a sugestão feita – sobretudo no desenvolvimento dos capítulos 4 e 5 – é que se "construam gramáticas" (no espírito de Pires de Oliveira & Quarezemin, 2016), recorrendo, para isso, a este expediente, o dos julgamentos de aceitabilidade – inclusive quando se trata do ensino da norma tomada como referência. Obviamente – e isso será, para evitar interpretações equivocadas ou enviesadas, repetido aqui tantas vezes quantas forem necessárias –, os julgamentos dar-se-ão *não* sobre ocorrências da norma, *mas* sobre as equivalentes (as "variantes" no sentido sociolinguístico do termo) na gramática do aluno. Antes, porém, de explicar, na seção 3.2, o expediente dos julgamentos de aceitabilidade (por muitos denominados informalmente de "julgamentos de gramaticalidade") – inclusive diferenciando o conceito de gramaticalidade do de aceitabilidade –, a seção 3.1 revisitará três conceitos correntes do termo "gramática" (normativa, descritiva e internalizada), conceitos estes diretamente envolvidos nos encaminhamentos práticos do capítulo 4, a propósito do ensino da norma tomada como referência. Naturalmente, tais conceitos também são imprescindíveis à análise linguística, sobretudo os de gramática descritiva e internalizada. A seção 3.3 cuida de discutir o lugar dos julgamentos em aulas de língua portuguesa, tanto no âmbito da primeira frente do ensino de gramática (seção 3.3.1) quanto no da segunda frente (seção 3.3.2).

No espírito da segunda acepção de "Linguística na escola", qual apresentada na seção 1.2 do capítulo 1, os capítulos 4 e 5 trazem sugestões ao professor de língua portuguesa, tendo em conta objetos de conhecimento informados na BNCC (especialmente a do Ensino Médio – Brasil (2018)) e recorrendo não raro a um "diálogo" com livros didáticos do Programa Nacional do Livro Didático (o PNLD) para o Ensino Médio de 2021.

Assim, o capítulo 4, ao mobilizar conteúdos teóricos e conceitos introduzidos nos três capítulos precedentes, cuida de exemplificar como a Linguística pode contribuir na escola (no sentido da acepção avançada na seção 1.2 do primeiro capítulo), facilitando o acesso dos alunos à norma que serve como referência. A seção 4.1 discute o ensino dessa norma a partir de expedientes de comparação de suas estruturas com estruturas equivalentes em variedades não padrão, e o faz recorrendo a estratégias de relativização (i.e., de formação de orações subordinadas adjetivas), tópico bastante conhecido dos linguistas brasileiros desde o trabalho seminal de Tarallo (1983). A seção 4.2 explora o ensino da regência verbal em livros didáticos do PNLD 2021, fazendo uma ponte entre os conhecimentos teóricos apresentados na seção anterior – desenvolvidos no âmbito da Linguística Educacional – e os conhecimentos apresentados em livros do PNLD de língua portuguesa. Busca-se com isso – e sempre no espírito da segunda acepção de "Linguística na escola" – sugerir, como já dito, que os linguistas interessados em contribuir com o ensino de gramática na escola podem direcionar suas contribuições aos conteúdos curriculares informados na BNCC e por isso mesmo presentes nos livros do PNLD.

Na mesma direção do capítulo 4, o capítulo 5 se propõe – também ao mobilizar conhecimentos avançados ao longo dos capítulos 1, 2 e 3 – a ilustrar de que maneira a segunda acepção de "Linguística na escola" tem papel fundamental no ensino da análise linguística. O capítulo cuida, em particular, de identificar, na BNCC do Ensino Médio, um conjunto de "objetos de conhecimento" comumente tratados em manuais de sintaxe teórica utilizados no ensino superior. Assim, introduz, na seção 5.1, um tópico típico de cursos de introdução à sintaxe (de diversas teorias linguísticas): a estrutura dos sintagmas e o conceito de "constituência"; busca-se, contudo, fazê-lo seguindo a *démarche* própria de trabalhos gerativistas, valorizando, então, a intuição do(a) leitor(a) relativamente a esses dois tópicos apresentados. A seção 5.2 aborda um outro tópico presente em livros introdutórios de sintaxe, tópico este inclusive incorporado como "objeto de conhecimento" na BNCC do Ensino Médio, mais precisamente em EM13LP08: as categorias sintáticas e o papel da coordenação na diagnose das categorias. A essas duas seções essencialmente mais teóricas seguem-se duas outras, de fundo, digamos, "mais prático", como já dito, voltadas essencialmente ao trabalho do(a) professor(a) de língua portuguesa. Assim, a seção 5.3 revisita livros didáticos do PNLD do Ensino Médio para propor uma reflexão sobre o ensino dos objetos de conhecimento elencados em EM13LP08 e discutidos nas duas seções anteriores. Já a seção 5.4 explora – seguindo a orientação dos Parâmetros Curriculares Nacionais (PCNs) e da BNCC, que sugerem que as práticas de linguagem (a saber, a análise linguística, a leitura e a produção textual) sejam trabalhadas em conjunto – a estrutura dos sintagmas no âmbito da produção textual. Essas duas seções (5.3 e 5.4) refletem também o propósito de colocar em prática os pressupostos da segunda acepção de "Linguística na escola", visando com isso "fazer a ponte" entre os conhecimentos teóricos – essencialmente produzidos pela Linguística Teórica – avançados nas duas seções anteriores (5.1 e 5.2) e a práxis do(a) professor(a) em sala de aula, sem deixar de lado um dos instrumentos de que dispõe o(a) colega professor(a): o livro do PNLD.

Por falar, aliás, em PNLD, uma advertência em relação à escolha da edição de 2021 desse programa se faz oportuna: à época da submissão e da execução do projeto no âmbito do qual o presente livro foi escrito – a saber, o projeto "(Ensino de) Gramática no 'Currículo Paulista', na BNCC e nos livros do PNLD: articulando ensino, pesquisa e extensão universitária", financiado pelo Faepex (Fundo de Apoio ao Ensino, à Pesquisa e à Extensão da Unicamp) –, os livros disponibilizados às escolas pelo Fundo Nacional de Desenvolvimento da Educação por meio do PNLD eram os da edição de 2021. A escolha dos livros, no entanto, tem mais o papel de ilustrar, como veremos nos capítulos 4 e 5, como a Linguística Teórica pode colaborar com os professores em suas lides com os objetos linguísticos em sala de aula; nesse sentido, ainda que a exemplificação seja a partir de livros do PNLD de 2021, a proposta não perde a vitalidade, sendo válida inclusive para livros de edições posteriores.

Todos os capítulos se iniciam com uma epígrafe, assim como feito nesta "Introdução" e também na "Apresentação". A epígrafe tem por fim situar o(a) leitor(a), a título introdutório, relativamente ao conteúdo a ser discutido no capítulo. Os capítulos finalizam com uma seção que sumariamente apresenta os tópicos de discussão do capítulo seguinte. É uma "estratégia" – espero, oxalá, que válida! – para deixar curioso(a) o(a) leitor(a) quanto ao que será abordado no capítulo subsequente. Uma vez que as seções, exceto as de "Introdução", se iniciarão pelo número do capítulo – assim, as seções do capítulo 1 começarão todas pelo número 1 (seguido de ponto); as do capítulo 2 começarão todas pelo número 2 (também seguido de ponto) e assim sucessivamente –, não vou me referir às seções mencionando o capítulo em que aparecerão. Vou me referir, então, tão somente ao número da seção, e o(a) leitor(a) saberá de que capítulo se trata.

1

Dos sentidos de "Linguística na escola"

> Há um sentimento generalizado de que a escola, em particular a escola pública, que recebe hoje uma clientela diversificada e em grande parte carente, não tem tido o sucesso desejado em alguns de seus objetivos principais; um dos pontos que o insucesso tem sido sentido de maneira mais aguda é o ensino de língua materna, na sua modalidade escrita e variedade padrão; como cidadãos, mais do que como professores ou especialistas em ciência da linguagem, preocupamo-nos há tempo com isso.
>
> *Ilari & Possenti*

Neste capítulo – considerando o contexto do ensino de gramática na Educação Básica e na formação de professores de língua portuguesa –, o objetivo principal é apresentar três sentidos do que se convencionou denominar, entre linguistas brasileiros, de "Linguística na escola". Conforme veremos, sob o guarda-chuva desse termo mais genérico – e considerando, no âmbito do ensino de língua portuguesa, o ensino da gramática –, é possível reconhecer ao menos três acepções no entendimento corrente, quais sejam: a assunção, no ensino, (*i*) de concepções epistemológicas de teorias linguísticas, (*ii*) de contribuições estritamente metodológicas, e (*iii*) de tópicos e questões de investigação mesmas da Linguística Teórica. Ao explicitar essas três acepções imbricadas no termo "Linguística na escola", o capítulo situa alguns esforços dos linguistas no âmbito do ensino de gramática, considerando essas três acepções que se revelam também como potenciais campos de contribuição.

Introdução

Em 1957, Joaquim Mattoso Camara Junior – um dos mais brilhantes linguistas brasileiros de todos os tempos – publica artigo[1] em que analisa "erros" que professores do ensino regular, no contexto do antigo "Exame de Admissão", detectavam nas produções de alunos. Como bom linguista que era, Camara Junior explica, no artigo, que os tais "erros" observados nas produções nada mais eram do que sintomas das mudanças por que passava o português do Brasil à época. Tal diagnose e interpretação dos fatos por Camara Junior – consideradas no contexto do ensino de gramática na Educação Básica e no da formação de professores em cursos de licenciatura em Letras (e Pedagogia) – podem servir como diretriz metodológica ao ensino de língua portuguesa: cumpre considerar a complexa situação sociolinguística do Brasil como pano de fundo para o ensino de português (cf. Ilari, s.d.).

De Camara Junior aos dias de hoje, linguistas das mais diversas orientações teóricas – num país onde o pluralismo teórico no campo dos estudos linguísticos é a regra (Borges Neto, 2004) – têm colaborado sobremaneira com o ensino de língua portuguesa na Educação Básica. Se tomarmos o texto de Camara Junior como um dos marcos iniciais das contribuições da Linguística Teórica ao

---

[1] O artigo integra coletânea posteriormente reunida em Camara Junior (2004).

ensino de língua portuguesa na escola – como o faz Ilari (s.d.) –, poderemos então falar de 70 anos de "Linguística na escola" no Brasil. Mas o que significa efetivamente "Linguística na escola"? Quais seriam as possíveis acepções associadas a esse termo? O presente capítulo tem por objetivo justamente responder a essas duas questões inter-relacionadas, de modo a precisar – considerando sobretudo o contexto do ensino de gramática – a compreensão corrente sobre o que viria a ser "Linguística na escola".

Conforme veremos ao longo do capítulo, três seriam os possíveis significados associados a "Linguística na escola": (*i*) a assunção (pelos professores e pela equipe escolar) de *concepções teóricas* de uma ou mais teorias linguísticas; (*ii*) a assunção de *contribuições metodológicas* (de teorias linguísticas) ao ensino de língua materna; e (*iii*) a assunção de um *plano de trabalho* que leva (ou sugere levar) ao ensino de língua portuguesa na escola – com as adaptações didáticas necessárias – tópicos e questões de investigação das mais variadas áreas dos estudos da linguagem.

Relativamente à primeira das três acepções – tendo em vista o contexto do ensino de gramática –, ela teria a ver com a adoção de uma ou mais teorias (de linguagem) que fundamenta(ria)m epistemologicamente as atividades relacionadas ao ensino – da elaboração mesma dos materiais às atividades desenvolvidas em sala de aula. No caso do ensino de língua portuguesa na Educação Básica, há, na Base Nacional Comum Curricular (BNCC) (Brasil, 2017, 2018) e nos Parâmetros Curriculares Nacionais (PCNs) (Brasil, 1998, 2000) – para os anos finais do Ensino Fundamental e para o Ensino Médio –, uma clara preferência teórica por abordagens enunciativo-dialógicas (cf. Tescari Neto, 2017). No entanto, tendo em vista a liberdade de cátedra garantida na Constituição, concepções teóricas outras podem ser assumidas pela instituição escolar e pelo professor (Brasil, 1988, artigo 206). Uma vez que a Linguística brasileira é, como já se disse, essencialmente plural (Borges Neto, 2024), esse pluralismo de concepções – e, consequentemente, de contribuições – também se tem feito sentir no ensino de língua portuguesa na Educação Básica, conforme veremos ao longo da seção 1.1, que tratará especificamente do primeiro sentido associado a "Linguística na escola".

Quanto à segunda acepção de "Linguística na escola" – a saber, a assunção, pelo professor, de contribuições metodológicas (consideradas, naturalmente, as devidas adaptações didáticas) ao ensino de língua materna –, pode parecer embaraçoso, à primeira vista, separar da primeira essa segunda acepção: assumir expedientes metodológicos próprios de teorias linguísticas implica também assumir, em certo sentido, a epistemologia mesma das teorias de onde os referidos expedientes são/foram retirados. Conforme veremos na seção 1.2, que se voltará a essa segunda acepção de "Linguística na escola", *o sucesso da contribuição dos linguistas dependerá da consideração, por esses estudiosos, do programa curricular efetivamente praticado, de modo que as contribuições não sejam vãs.* Das três acepções de "Linguística na escola", será esta segunda a maiormente favorecida ao longo do livro.

Por fim, a terceira acepção diz respeito ao acolhimento, pela escola, de um plano de trabalho que leve em conta tópicos de investigação – com as adaptações didáticas necessárias – típicos das pesquisas nas mais variadas áreas da Linguística. Conforme discutiremos na seção 1.3, por esta terceira acepção entende-se que possa ser feita uma transposição, à didática linguística na escola, de conhecimentos produzidos pela pesquisa nas mais variadas áreas dos estudos da linguagem.

No presente capítulo, seguem-se às três seções sumariamente descritas nos parágrafos anteriores – respectivamente, as seções 1.1, 1.2 e 1.3 – a seção 1.4, que retoma, a título de conclusão, o conteúdo das seções anteriores, e a seção 1.5, que antecipa o que será tratado no próximo capítulo.

1.1 Primeira acepção: adoção de uma ou mais teorias (de linguagem) que fundamenta(ria)m epistemologicamente as atividades de ensino

Considerando a primeira acepção, "Linguística na escola" significa(ria) a assunção, pelo professor – ou instituição escolar como um todo (no caso de a área de língua portuguesa contar com um projeto pedagógico específico) –, da episteme de teorias linguísticas específicas: veja-se, a esse respeito, o interessante texto de Ilari (s.d.). O autor faz uma retrospectiva de contribuições de diferentes paradigmas teóricos ao ensino de língua portuguesa. Ilari cita contribuições do Estruturalismo, do Gerativismo, do Funcionalismo, da Linguística Textual, da Sociolinguística laboviana, entre tantas outras áreas dos estudos linguísticos praticadas no Brasil.

De contribuições do Estruturalismo, Ilari cita o trabalho de Camara Junior (1957) – aqui referido como Camara Junior (2004) –, mencionado na seção introdutória. Mattoso Camara Junior antecipava já em 1957 o que Labov, anos mais tarde, iria dizer sobre a falácia do *modelo da deficiência verbal* (veja-se, a esse respeito, Tescari Neto (2023) e Pereira (2024)): os supostos erros eram apenas sintomas da variação (e consequentemente da mudança) linguística; nesse sentido, Camara Junior adianta, com outra formulação, o *modelo da diferença verbal* de Labov; *erros* não eram jamais sintomas de incapacidades cognitivas. Como posto na seção anterior, a grande contribuição, ao ensino, da proposta de Camara Junior foi a sugestão de que os professores levassem em consideração, como pano de fundo para o ensino de língua portuguesa, a situação (socio)linguística brasileira.

Ilari (s.d.) também comenta as contribuições epistemológicas da Gramática Gerativa ao ensino. A especificação "gerativa" no nome da teoria é devida à busca, na análise das estruturas pelos estudiosos dessa teoria, por descrições que sejam o mais completas possível, capazes de "*gerar* em sentido matemático, i.e., de definir de maneira explícita, todas as sequências que correspondem às intuições gramaticais de um falante" (cf. Longobardi, 1991, p. 15 – veja-se também o capítulo 3). Para ilustrar as contribuições dessa teoria ao ensino, Ilari cita o trabalho seminal de Kato (1986), ao qual se somaram, anos depois, as muitas contribuições de linguistas gerativistas também compromissados com o ensino de gramática na escola. A Gramática Gerativa coloca, de antemão, o professor de língua portuguesa diante de um (aparente) paradoxo lembrado por Ilari: o professor de fato "ensina português"? Tal questionamento se justifica pela constatação, *a priori,* pelos gerativistas, de que o aluno já conta com uma "gramática internalizada" – a língua-I de que trata Chomsky em vários de seus trabalhos (veja-se, a esse respeito, por exemplo, Chomsky (1986) e a discussão, aqui no livro, das seções 3.1 e 3.2).

Se considerarmos o que Tescari Neto & Souza de Paula (2021) chamam de "as duas frentes do ensino de gramática",[2] a Gramática Gerativa põe de antemão duas importantíssimas questões inter-relacionadas ao professor: (*i*) como aproveitar o conhecimento internalizado dos alunos para, com base nesse conhecimento, levá-los a uma compreensão das regras da norma tomada como referência?[3]

---

[2] *Grosso modo*, as duas frentes do ensino de gramática envolvem reflexões sobre as *normas* e sobre a *estrutura da língua* – esta última propriamente no âmbito das atividades de análise linguística. Sobre as duas frentes do ensino de gramática, cf. capítulo 2.

[3] Tescari Neto & Perigrino (2024) e Tescari Neto & Bergamini-Perez (2023) sugerem que o ensino da norma tomada como referência leve em conta – conforme argumentaremos no capítulo 2 –, de um lado, a descrição já feita pelos livros didáticos (a que têm acesso os alunos) e gramáticas e, de outro, a descrição dos fatos gramaticais correspondentes na gramática dos próprios alunos. A esse respeito, veja-se – além das seções 2.1 e 2.1.3 – o capítulo 4, que traz exemplos práticos dessa metodologia comparativa para o ensino da norma-padrão.

e (*ii*) como explicitar o conhecimento internalizado dos alunos em atividades de "análise linguística" (no sentido dos documentos oficiais)? Para ir ao encontro desse importante compromisso – qual seja, o de promover, de um lado, o acesso do aluno ao conhecimento das regras da norma tomada como referência (no sentido de (*i*)) e, de outro, o de promover reflexões sobre a estrutura da gramática da língua (independentemente da variedade ou norma) –, a maioria dos trabalhos dos gerativistas empenhados na didática linguística tem considerado um importante ingrediente metodológico – naturalmente com as "adaptações didáticas" necessárias (ou "reduções didáticas", no sentido de Barbosa (2020) e de Barbosa & Azeredo (2018))[4] – no contexto do ensino de gramática na Educação Básica, sobretudo se considerada a segunda frente, a da análise linguística (sobre a qual falaremos na seção 2.2): trata-se da sugestão da adoção da introspecção como metodologia de análise em aulas de gramática. Em maior ou menor grau, a sugestão da utilização dessa ferramenta metodológica é visível nos trabalhos de linguistas teóricos brasileiros de orientação gerativista, interessados nas contribuições da Linguística ao ensino de língua portuguesa na educação básica; cf., entre tantos outros, Kato (1986, 2005); Pilati *et al.* (2011); Guerra Vicente & Pilati (2016); Pires de Oliveira & Quarezemin (2016); Avelar (2017); Foltran; Carreira & Knöpfle (2017); Lunguinho *et al.* (2018); Tescari Neto (2017, 2018, 2022); Tescari Neto & Perigrino (2019, 2024); Teles & Lopes (2019); Foltran; Rodrigues & Lunguinho (2020); Girardi (2020); Gravina & Gaio (2020); Medeiros Junior (2020); B. K. Pereira (2020); Perigrino

---

[4] Para Barbosa (2020), a "redução didática", no contexto do ensino regular, nada mais é do que "[...] o procedimento de simplificação descritiva, temática, categórico ou de linhas de abordagem científica sem perder elementos fundamentais de cada conjunto reduzido a bem da compreensão do trabalho a cada faixa do aprendizado escolar". O termo aqui por mim usado, "adaptação didática", traduz, em essência, conceito de "redução didática" de Barbosa.

(2020a, 2020b); Tescari Neto & Pereira (2021); Tescari Neto & Souza de Paula (2021); Pereira (2021, 2024); Hochsprung & Quarezemin (2021); Hochsprung & Zendron da Cunha (2021); Minussi (2021); Hochsprung (2022); De Conto; Sanchez-Mendes & Rigatti (2022), Tescari Neto & Bergamini-Perez (2023); e a lista se multiplica. A propósito do uso da "introspecção" em aulas de língua portuguesa (naturalmente nas aulas de "análise linguística"), Pires de Oliveira (2016) e Pires de Oliveira & Quarezemin (2016) chegam mesmo a dizer que é possível transformar a aula de gramática num "laboratório a céu aberto", o que faz todo o sentido, haja vista o fato de "[c]ada julgamento [ser], de fato, o resultado de um experimento, mal planejado, mas rico no que diz respeito às evidências que fornece" (Chomsky, 1986, p. 36). Vejam-se também, a esse respeito, as seções 3.1 e 3.2. A Linguística Educacional brasileira tem, portanto, cada vez mais se apercebido da importância desse recurso metodológico, entendendo que pode ser um útil recurso em aulas de língua portuguesa.

Também a Gramática Funcional – seria mais prudente dizer "as Gramáticas Funcionais", haja vista as várias teorias funcionalistas praticadas em território nacional – tem oferecido importantes contribuições ao ensino de língua portuguesa. Ao assumir a linguagem como um "instrumento de comunicação" e entender que o objetivo de um usuário de língua natural, quando se engaja no ato comunicativo, seja o de mudar a informação pragmática do destinatário (Dik, 1997), a Gramática Funcional traz contribuições importantíssimas não só no plano da análise linguística como também no da construção (e produção) dos textos. No modelo de Dik (1997) – há versões mais recentes da Gramática Holandesa –, assume-se, na teorização sobre a formulação das ocorrências da língua, uma orientação *top-down* ou descendente: a Pragmática é o domínio privilegiado de análise, dentro do qual se estuda a Semântica, dentro da qual se estuda a Sintaxe e assim por diante.[5] Ora, se o objetivo da comunicação é mudar a informação pragmática do destinatário – seja pelo acréscimo de informação, seja por correção de informação equivocada etc. –, não é difícil compreender as consequências de um modelo com essa arquitetura para a formulação de textos orais e escritos – o que está nos objetivos dos PCNs e da BNCC (de língua portuguesa) para o ensino regular: ganham importância, em estudos funcionalistas, (*i*) tanto questões relacionadas à estrutura da informação nos textos dessas duas modalidades (*ii*) quanto questões relacionadas às estratégias morfossintáticas para a veiculação de categorias da estrutura de informação, algo imprescindível no âmbito da produção de textos orais e escritos.

Castilho (2000, 2013) apresenta uma proposta funcionalista interessante ao ensino de gramática, partindo de uma orientação também descendente dos níveis de análise (i.e., da Pragmática ou do discurso em direção aos níveis mais centrais) com foco no ensino da oralidade. Aproveitando-se de interessantes resultados publicados nos oito volumes da *Gramática do português falado*, o autor oferece ao professor de língua portuguesa um conjunto de atividades teoricamente orientadas de produção textual, sugerindo que se trabalhem, em sala, primeiramente textos orais – dos próprios alunos, a serem transcritos pelos mesmos alunos (como feito por muitos

---

[5] A versão mais recente da gramática funcional holandesa – a Gramática Discursivo-Funcional (GDF) – mantém a orientação descendente relativamente à formulação das ocorrências: "Para a GDF, a construção de um enunciado inicia-se, no componente conceitual, com a intenção comunicativa de uma mensagem. Ainda nessa forma pré-linguística, a mensagem passa para o componente gramatical, onde é formulada em unidades de conteúdo pragmático e semântico e codificada em unidades formais de natureza morfossintática e fonológica. Essa direção descendente é motivada pela suposição de que um modelo de gramática será mais eficaz quanto mais sua organização se assemelhar ao processamento linguístico no indivíduo" (Pezatti, 2016, p. 17).

linguistas envolvidos com o projeto Nurc) –[6] e que se descrevam esses textos orais levando em conta algumas categorias identificadas nos trabalhos da Análise da Conversação. Para isso, Castilho lança mão de algumas adaptações didáticas – as "reduções didáticas" de que fala Barbosa (2020) –, concentrando-se em categorias para ele plausíveis no âmbito do ensino regular. Feito um trabalho com a oralidade, passa-se a um trabalho com gêneros da escrita. Na interpretação do "Linguística na escola" à luz desta primeira acepção, fica evidente não só a predileção por uma orientação descendente para a descrição linguística em sala de aula como também a prioridade para um trabalho com a oralidade – prioridade que reflete, em certa medida, a preferência metodológica observada na descrição gramatical pelos funcionalistas brasileiros.

Outra teoria que, entre nós, tem trazido considerável contribuição ao ensino de língua materna é a "Sociolinguística laboviana": a Teoria da Variação e da Mudança. Concebendo a comunidade linguística como heterogênea e entendendo que a variação é inerente à natureza das línguas, a Sociolinguística, com seus métodos apurados, tem o potencial de deixar evidente o fato de haver diferenças entre o português que o aluno traz de casa e o que é ensinado na escola.

---

[6] O projeto Nurc – Norma Urbana Culta – foi um grande projeto, iniciado no fim dos anos 1960 e início dos anos 1970, que reuniu linguistas dos quatro cantos do país, com o propósito de recolher dados de fala de brasileiros com nível superior, residentes em cidades que, à época do início do projeto, contavam com mais de um milhão de habitantes: Porto Alegre, Recife, Rio de Janeiro, Salvador e São Paulo. Os dados – de três gêneros textuais orais (diálogo entre dois informantes, diálogo entre informante e documentador (a entrevista) e elocução formal) – foram gravados e posteriormente transcritos. Muito bem-sucedido, o projeto deu lugar a outro, também muito exitoso, o da *Gramática do português falado*, que conta com oito volumes, publicados pela Editora da Unicamp. Várias dissertações, teses, livros e artigos foram publicados com base em estudos que recorreram aos *corpora* do projeto Nurc. Para mais informações sobre o projeto, consultar <https://nurc.fflch. usp.br/o-nurc-brasil-origens>. Acesso em 18/8/2024.

O corolário importante das contribuições dos sociolinguistas é a compreensão de não haver espaço a preconceitos de nenhuma sorte; há, antes, espaço para uma valorização da diferença, constitutiva da própria natureza da linguagem (vejam-se, entre tantos outros, Ilari & Possenti, 1985; Bortoni-Ricardo, 2003; Görski & Coelho, 2006; Faraco, 2008; Guy & Zilles, 2006; Vieira, 2009, 2018; Martins; Vieira & Tavares, 2014). Naturalmente, o trabalho empreendido por sociolinguistas compromissados com o ensino tem o potencial de auxiliar os professores a levar a cabo as recentes orientações da BNCC: em várias passagens, os documentos da BNCC sugerem que a análise linguística e semiótica estabeleça paralelos entre a norma a ser ensinada – a dita padrão – e variedades do português. Ao abordar, p.ex., o objeto de conhecimento "regência nominal e verbal", a BNCC para o Ensino Fundamental propõe "[c]omparar o uso de regência verbal e regência nominal na norma-padrão com seu uso no português brasileiro coloquial oral" (EF09LP07). A Sociolinguística laboviana tem, então, o potencial de, com as adaptações didáticas necessárias, oferecer aos professores elementos metodológicos que propiciem essa comparação.

O breve apanhado, embora muito longe de ser exaustivo, que aqui se fez das contribuições epistemológicas de quatro paradigmas teóricos dos estudos linguísticos (o Estruturalismo, a Gramática Gerativa, a Gramática Funcional e a Sociolinguística) ao ensino de gramática é, espero, suficiente para dar uma ideia da primeira acepção do termo "Linguística na escola" – sobretudo tendo em vista o ensino de gramática: trata-se da assunção, pelo professor e/ou pela instituição escolar como um todo, de pressupostos teóricos de uma ou mais teorias linguísticas como pano de fundo ao ensino de língua portuguesa. Passemos, agora, à segunda acepção.

1.2 Segunda acepção: assunção de contribuições metodológicas de teorias linguísticas ao ensino de língua materna

A segunda acepção de "Linguística na escola" envolve o acolhimento de contribuições metodológicas de teorias linguísticas – consideradas as devidas adaptações didáticas – no ensino de língua materna. Pode parecer embaraçoso separar da primeira esta segunda acepção, visto que a assunção de métodos de teorias linguísticas acaba por envolver também a aceitação, em certa medida, dos pressupostos das teorias assumidas.

No espírito desta segunda acepção, a pergunta de partida que linguistas interessados na relação com a escola deveriam se fazer antes de para lá levarem suas contribuições seria: "que 'objetos do conhecimento' [no sentido da BNCC], i.e., que 'tópicos' ou 'conteúdos curriculares' podem ter a minha contribuição enquanto linguista?". No âmbito da primeira frente do ensino de gramática – a que envolve o estudo das normas (cf. capítulos 2 e 4) –, Tescari Neto & Perigrino (2024) tratam de oito tópicos, sete deles ordinariamente associados às normas gramaticais – cuja definição é dada na seção 2.1.1 –, partindo de uma descrição do português brasileiro comum (i.e., do conhecimento internalizado dos brasileiros) para chegar, por comparação, às regras da norma (cf., a esse respeito, a exemplificação feita na seção 4.1 sobre o ensino da regência verbal em contextos de relativização, i.e., em contextos de formação de orações subordinadas adjetivas).[7] No âmbito da análise linguística – a segunda frente do ensino de gramática (cf. seção 2.2) –, os trabalhos de Tescari Neto (2017, 2018, 2022) e Tescari Neto & Bergamini-Perez (2023) são uma primeira aproximação.

---

[7] Cf. também o texto de Lunguinho; Guerra Vicente & Medeiros Junior (2020), que aborda a contribuição da teoria sintática à compreensão do emprego, naturalmente na escrita, dos sinais de pontuação.

No entendimento desta segunda acepção, é vital que o linguista interessado em ensino de língua portuguesa considere, portanto, o programa curricular efetivamente praticado para que suas contribuições sejam, de fato, genuínas. O diagnóstico pode ser feito de várias formas: (*i*) consulta aos objetos de conhecimento (ou "conteúdos") informados na BNCC e nos *curricula* estaduais, (*ii*) consulta a livros didáticos – como os livros recomendados pelo Programa Nacional do Livro Didático (PNLD) – e apostilas utilizados nas escolas, (*iii*) entrevistas com professores etc. De posse desse diagnóstico – i.e., de posse dos conteúdos trabalhados efetivamente no programa curricular –, o linguista pode selecionar alguns *objetos de conhecimento afeitos à própria área de atuação* e propor – sempre com as devidas adaptações didáticas – encaminhamentos metodológicos aos professores. Com isso, não há necessidade de modificar o programa estabelecido nem de abrir mão do livro didático utilizado. As ferramentas metodológicas guiarão as análises, inclusive aquelas que figuram nas atividades sugeridas pelos próprios livros didáticos e pelas apostilas. Trata-se, em essência, de uma proposta bastante pragmática. Nesse sentido, os linguistas comprometidos com esta segunda acepção de "Linguística na escola" levariam em conta, portanto, antes de proporem contribuições ao ensino na Educação Básica, uma avaliação do programa curricular praticado pelas escolas, diagnosticado a partir, por exemplo, das fontes informadas em *i*, *ii* e *iii*, linhas acima. Com base em tal diagnose, seria possível ao linguista – tendo em vista os pressupostos teóricos e a metodologia de sua área de atuação – propor contribuições concretas ao ensino, contribuições estas que levam em conta necessidades efetivas de quem está na "linha de frente": os professores de língua portuguesa.

Os capítulos 4 e 5 cuidarão de exemplificar aplicações práticas, no contexto do ensino de língua portuguesa na Educação Básica, desta segunda acepção de "Linguística na escola". Cumpre, contudo, ilustrar agora o sentido de "adoção de métodos de teorias linguísticas" – com as devidas adaptações didáticas – no ensino de língua portuguesa. Trato, então, de ilustrar a segunda acepção no âmbito das contribuições dos estudos linguísticos ao ensino da análise linguística, a segunda das duas frentes do ensino de gramática – e sobre a qual trato na seção 2.2 –, elegendo, para isso, objetos de conhecimento informados na Base Nacional Comum Curricular do Ensino Fundamental, mais especificamente em EF69LP05:

> Inferir e justificar, em textos multissemióticos – tirinhas, charges, memes, gifs etc. –, o efeito de humor, ironia e/ou crítica pelo uso ambíguo de palavras, expressões ou imagens ambíguas, de clichês, de recursos iconográficos, de pontuação etc. (Brasil, 2017, p. 141)

No conjunto dos objetos de conhecimento explicitados em EF69LP05, há dois tópicos que aqui nos interessam: do lado da análise linguística, a questão da ambiguidade; do lado da leitura e da produção textual, a exploração desse "fenômeno" em textos multissemióticos diversos. Vou ilustrar aqui o espírito da segunda acepção de "Linguística na escola" tendo em conta o conjunto de habilidades sugeridas por EF69LP05, mais especificamente a exploração da ambiguidade em manchete de jornal. Consideremos, a esse propósito, a manchete (1) da *Folha Uberaba*.

(1) Vaca na pista causa acidente com um morto e um ferido na BR-262[8]

Deixando de lado ambiguidades associadas aos itens lexicais, i.e., ao sentido específico de palavras, e voltando o olhar à ambiguidade gerada pela disposição dos termos na frase – a ambiguidade dita

---

[8] *Folha Uberaba*, 10/8/2024. Disponível em <https://www.instagram.com/p/C-eVKsKMoby/?igsh=cndtajY2cHRuYWN4>. Acesso em 17/8/2024. Agradeço à professora Priscila Toneli pelo envio da manchete.

estrutural ou sintática –, podemos dizer que (1) tem *ao menos* três sentidos, expressos por (2), (3) e (4), a seguir.

(2) Acidente na BR-262, causado por vaca, deixa um morto e um ferido.
(3) Vaca, um morto e um ferido provocam acidente na BR-262.
(4) Com um morto e um ferido, vaca causa acidente na BR-262.

Obviamente o significado pretendido pelo jornal é o expresso pela paráfrase em (2). Mas (1) também possibilita as leituras em (3) e em (4), por mais que nosso conhecimento enciclopédico e de mundo e o contexto mesmo do jornal filtrem essas duas leituras; não é à toa que os usuários do Instagram, na página em que a notícia foi veiculada, postaram suas reações quanto à ambiguidade da manchete. Reproduzimos algumas delas na Figura 1.1.

O sentido em (3) foi inclusive comentado por um dos usuários da plataforma. É válido um exercício com os alunos sobre ambiguidades em manchetes: valem reflexões tanto sobre os sentidos veiculados quanto sobre a natureza mesma do gênero manchete: (*i*) admite ambiguidades? (*ii*) se sim, que ambiguidades são bem-vindas? Para além dessas questões relacionadas à identificação dos sentidos, outras podem ser tratadas: como desambiguar sequências ambíguas caso se deseje? Há também as questões relacionadas à emergência de formulações ambíguas tendo em conta o gênero textual em questão: gêneros mais formais da escrita – como editais, leis etc. – tendem a ser (ao menos é o que se espera) mais impermeáveis à emergência de ambiguidades.

Manchetes, contudo, podem ser palco para ambiguidades, sobretudo se bem arquitetadas, de modo que possam atrair cliques, leituras e engajamentos (como é o caso da veiculação da manchete em redes sociais): ali, a ambiguidade tem valor ímpar, visto que provocará não só cliques como engajamentos dos internautas.

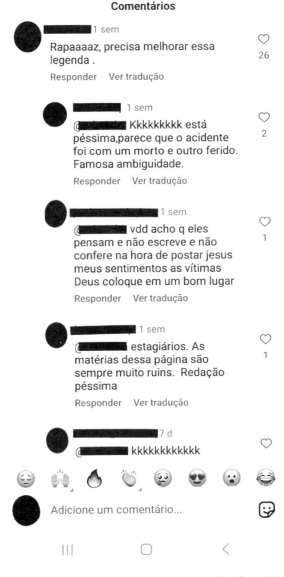

Figura 1.1 – Comentários no Instagram à postagem indicada em (1).

No espírito da segunda acepção de "Linguística na escola", portanto, os estudiosos podem recorrer a instrumentos diagnósticos de teorias gramaticais para oferecer alternativas que eliminem a ambiguidade de sequências com duplo ou triplo sentido. Com isso, oferecerão aos professores estratégias que possibilitarão a desambiguação de ocorrências ambíguas caso esteja no projeto do professor trabalhar com esse objeto do conhecimento. Tescari Neto (2017) e Tescari Neto & Perigrino (2024) sugerem que os "testes sintáticos" – sobre os quais trataremos no capítulo 5 – podem ser úteis na desambiguação de sequências ambíguas em gêneros textuais nos quais a ambiguidade não é bem-vinda. Tais "testes" são instrumentos diagnósticos explorados por linguistas em suas análises – p.ex., quando pretendem identificar um certo grupo de palavras ou sintagma (ver seção 5.1) – e podem, em ambiente escolar, ser reaproveitados para a desambiguação de ocorrências com mais de um sentido. A formulação em (4) ilustra um desses testes: o deslocamento. Tornaremos a tratar do expediente dos testes no capítulo 5.

Conforme se verá ao longo dos capítulos, este livro apostará sobretudo na segunda acepção de "Linguística na escola". Passemos, por fim, à terceira acepção.

1.3 Terceira acepção: tentativa de levar à escola tópicos de investigação da pesquisa dos linguistas

A terceira acepção de "Linguística na escola" diz respeito ao empenho pelo estabelecimento de um plano de trabalho que leva à aula de língua portuguesa tópicos e questões de investigação (presumivelmente com as adaptações didáticas necessárias) da Linguística Teórica. Esse empenho, normalmente coletivo – haja vista a ação de grupos de pesquisa universitários –, é acompanhado inclusive pela tentativa de levar à escola recortes da investigação em Teoria Linguística, em suas mais variadas vertentes, e sua transposição, necessariamente com adaptações didáticas, ao ensino na Educação Básica. O objetivo é que tais tópicos de investigação venham a integrar – repitamo-lo: com as devidas adaptações didáticas – o conjunto de atividades curriculares.

Trata-se de uma iniciativa louvável e muito interessante, ainda que, em certa medida, intrépida: pode demandar, a depender do tipo de contribuição na escola, treinamento direcionado aos professores para a execução das tarefas. Esta terceira acepção encontra bastante eco entre os linguistas brasileiros interessados em Linguística Educacional, considerando-se o amplíssimo espectro de teorias linguísticas praticadas no Brasil.

No Funcionalismo, uma contribuição interessante é o plano de trabalho sugerido por Ataliba de Castilho em seu livro de 2000, resenhado na seção 1.1, *A língua falada no ensino de português* (de que Castilho (2013) é uma interessante versão resumida).

Assumindo como pressupostos teóricos concepções funcionalistas da linguagem, e ancorado sobretudo em perspectivas metodológicas praticadas pela Análise da Conversação, Castilho oferece um plano de trabalho *teoricamente* orientado à descrição de aspectos textuais--discursivos e gramaticais da oralidade, partindo de uma descrição descendente dos fatos linguísticos, como já dito, e da sugestão de integração do ensino da oralidade ao da escrita.

Outra contribuição interessante é a de Pires de Oliveira & Quarezemin (2016), já mencionada. As autoras propõem um plano de trabalho para a análise linguística, plano este que coloca o estudante no centro da atividade de investigação. Sugerem um trabalho também teoricamente orientado – na perspectiva da Semântica Formal e da Sintaxe Gerativa – para a descrição da língua internalizada dos alunos, explorando questões das estruturas do português do Brasil e da interpretação dessas estruturas. Uma vez levado a cabo com sucesso, tal programa de intervenção tem amplo potencial de contribuição ao ensino de língua, haja vista a sugestão das autoras de que é possível abordar, no ensino de língua portuguesa, objetos gramaticais, assumindo uma perspectiva de investigação que guarda certa semelhança com práticas acadêmicas de pesquisa, quais sejam: o levantamento de hipóteses, a elaboração de um *corpus*, via elicitação (sobretudo por "julgamentos de aceitabilidade" – cf. capítulo 3, especialmente a seção 3.2, que cuida de explicar esse expediente metodológico), *corpus* este que retrate o conhecimento dos próprios alunos, a testagem das hipóteses e a replicação do experimento em outros contextos, i.e., a sua replicação em outras turmas de alunos, p.ex. Essa tarefa é tratada pelas autoras como um projeto de "construção de gramáticas".[9] Não é à toa que as dissertações e teses produzidas à luz da proposta de Pires de Oliveira & Quarezemin

---

[9] A proposta de Pires de Oliveira & Quarezemin (2016) voltará a ser mencionada em várias seções ao longo dos capítulos que se seguem. Do mesmo modo que há certas sobreposições entre a primeira e a segunda acepções de "Linguística na escola" – fato inclusive notado na seção anterior –, há também sobreposições entre a segunda e a terceira acepções: levar à escola questões mesmas da investigação dos linguistas (o que está na base da terceira acepção) depende naturalmente também da assunção de pressupostos metodológicos (o que está na base da segunda acepção). A diferença crucial entre as duas acepções é que a segunda não implica necessariamente que questões do universo de investigação dos linguistas sejam "didatizadas": na concepção da segunda acepção, os tópicos abordados na escola continuarão sendo os tópicos do programa curricular, reconhecidos como "objetos de conhecimento" pela BNCC.

(2016) frequentemente se alinham ao que se costuma chamar, em Linguística Educacional, de "Ciência na escola".[10,11]

Iniciativas interessantes também incluem trabalhos de formalistas no campo da Psicolinguística, como os do grupo do professor Marcos Maia, da UFRJ, reunidos, p.ex., em Maia (2019), com

[10] Tescari Neto & Toneli (2019) resenharam Pires de Oliveira & Quarezemin (2016). A resenha foi publicada pela revista *Linguagem & Ensino*. No texto recomendamos – ao público de linguistas, de linguistas aplicados e sobretudo de professores e futuros professores de língua portuguesa – o livro, que traz contribuições da Linguística Formal ao ensino de língua na escola. Pires de Oliveira & Quarezemin problematizam uma questão importante aos linguistas que se dedicam à Linguística Educacional: que lugar as teorias gramaticais devem ocupar tanto em aulas de língua portuguesa – no ensino regular – quanto na formação dos professores? O livro assume a perspectiva, já antecipada em Pires de Oliveira (2016), de que o método negativo chomskyano – que evoca julgamentos de aceitabilidade (por muitos denominados de "julgamentos de gramaticalidade") (vejam-se, além do capítulo 3 do presente livro, Pires de Oliveira (2010), Tescari Neto & Pereira (2021) e Tescari Neto & Bergamini-Perez (2023)) – deva também ser parte do plano metodológico do professor de português no sentido de despertar, entre os alunos, a "curiosidade" pela "investigação científica", investigação esta que se traduz num exame do PB (língua materna da maioria dos alunos brasileiros) *e de outras línguas à disposição no espaço escolar* (pensemos, com as autoras, a esse respeito, nas comunidades indígenas em que o português brasileiro não é a língua adquirida em casa pelos estudantes). O projeto de "construção de gramáticas", apresentado por Pires de Oliveira & Quarezemin (2016), é um interessante guia metodológico aos professores interessados em desenvolver projetos de investigação que tenham o objetivo sobretudo de valorizar a consciência da investigação, via descrição das *gramáticas da(s) língua(s)* disponíveis na sala de aula – *vide* seção 3.1 para o conceito de gramática subjacente à proposta das autoras –, o que está na agenda de trabalho da Linguística Educacional. O livro sugere alternativas interessantes de trabalho interdisciplinar a ser desenvolvido tanto com professores de biologia quanto com professores de matemática, o que se traduz num interessante guia às escolas e aos professores comprometidos com a interdisciplinaridade.

[11] Alinham-se também a essa perspectiva Pilati *et al.* (2011); Guerra Vicente & Pilati (2016); Foltran; Carreira & Knöpfle (2017); Pilati (2017); Lunguinho, *et al.* (2018), Hochsprung & Zendron da Cunha (2021), entre outros.

significativas contribuições ao ensino da leitura. Há também o interessante projeto do professor Dirceu Cleber Conde, da UFSCar, o "Conlang na escola: métodos para se pensar as línguas e compreender intuições", do qual a dissertação de Girardi (2020) é um dos primeiros produtos. Esses trabalhos inserem-se num programa maior que tem tido contribuições tanto no Brasil quanto no exterior – veja-se, p.ex., a proposta de Honda & O' Neil (1993, 2008) que iluminou muitos dos avanços produzidos no âmbito da abordagem do ensino de língua visto por um olhar concebido como "científico".[12]

Por fim, cumpre lembrar que esta terceira compreensão do que seja "Linguística na escola" tem grande potencial de contribuição sobretudo em dois importantes contextos atualmente: o dos "Itinerários Formativos" (no espírito do novo Ensino Médio) e o das escolas integrais (como as escolas-PEI do governo do estado de São Paulo). Nesses contextos, há sem dúvida espaço para que os linguistas e seus grupos de pesquisa, muitos inclusive frequentados por professores da Educação Básica, possam levar propostas

---

[12] O painel da Abralin na 75ª Reunião Anual da SBPC – intitulado "A Linguística vai à escola: diálogos e cooperação da Linguística com a Educação Básica", proposto pela professora Adelaide Hercília Pescatori Silva, à época presidente da Abralin, e organizado e mediado por Vitor Hochsprung, membro da Comissão de Divulgação Científica e Popularização da Linguística da Abralin, e do qual participaram os professores Aquiles Tescari Neto, Cilene Rodrigues, Gabriel de Ávila Othero, Marcus Maia e Roberta Pires de Oliveira – contou com interessantes contribuições, a maioria delas no espírito da terceira acepção de "Linguística na escola". De acordo com a apresentação do mediador no referido evento (24/7/2023), o painel foi "uma proposta da Associação Brasileira de Linguística (Abralin) para apresentar e discutir ações de linguistas brasileiros que auxiliam professores da Educação Básica (EB) a compreender mecanismos envolvidos no processamento e na produção do Português Brasileiro (PB), visando à melhora do processo de ensino-aprendizagem". Disponível em <https://www.youtube.com/watch?v=oT5INzZcVno>. Acesso em 4/6/2024.

interessantes para o ensino de língua portuguesa na perspectiva da Linguística enquanto área de investigação.[13]

[13] Os linguistas que se alinham mais à terceira acepção de "Linguística na escola" deparam, de antemão, com um importante desafio relacionado à definição mesma de "Ciência", desafio sobre o qual epistemólogos, cientistas das mais diversas áreas e os próprios linguistas se têm debruçado. Quais seriam os traços definidores da atividade compreendida como "ciência" atualmente? Quais desses traços se aplicariam à Linguística enquanto disciplina de investigação? Os epistemólogos buscam, ao observar a *démarche* dos cientistas, reunir traços comuns às atividades científicas. Okasha (2002, p. 12), p.ex., explica que cabe à filosofia da ciência identificar pressupostos implícitos na prática científica, ainda que tais pressupostos não sejam explicitamente discutidos pelos cientistas. Trata-se de uma tarefa no entanto complexa, uma vez que "a ciência é uma atividade heterogênea, abrangendo uma ampla gama de diferentes disciplinas e teorias" (Okasha, 2002, pp. 16--17). Essa posição, vemo-la – com outra formulação – em Japiassu (1978, p. 34): não há, na visão desse filósofo, um termo científico "ciência" nem mesmo uma categoria epistemológica "ciência"; há, antes, uma noção ideológica "ciência", utilizada por aqueles que creem ser possível tratar das práticas científicas (conjunto complexo de atividades de produção de conhecimento) como se fossem uma realidade homogênea. Há, claramente, no entanto, alguns traços comuns que podem ser identificados. Okasha menciona – embora reconheça certa fragilidade em tal formulação – a *falseabilidade* no sentido de Karl Popper: uma disciplina pode ser considerada científica se suas asserções são falseáveis, o que não significa que sejam "falsas", mas, antes, que sejam verificáveis por meio da experimentação. As asserções no âmbito de teorias gramaticais – como a Sintaxe Gerativa – são, em certa medida, falseáveis, porquanto podem ser submetidas à validação por meio de experimentação, em outros contextos. Há aqui uma compreensão pelos gerativistas interessados nas aplicações da *démarche* da teoria ao ensino de gramática de que a construção de gramáticas em ambiente escolar – e este é o caso p.ex. da proposta de Pires de Oliveira (2016) e Pires de Oliveira & Quarezemin (2016) – possa seguir métodos típicos do empreendimento científico, uma vez que tal atividade envolve a formulação de hipóteses em modo claro e verificável – a falseabilidade de Popper – e a possibilidade de repetir os experimentos de construção de gramática(s) (repetibilidade), dois traços observados na investigação em Teoria e Análise Linguística (Graffi & Scalise, 2013).

1.4 Síntese do capítulo

Neste capítulo, o objetivo foi oferecer três possíveis acepções de "Linguística na escola", o que está no cerne dos objetivos do próprio livro: discutir contribuições da Linguística Teórica ao ensino de gramática – tanto na Educação Básica quanto na formação do professor. Pela primeira acepção, discutida na seção 1.1, "Linguística na escola" teria a ver com a assunção, pela comunidade escolar, dos pressupostos de teorias linguísticas, o que se faria sentir no âmbito do ensino de gramática – conforme ilustrado na seção – e além. A seção 1.2 apresentou a segunda acepção: considerando-se o ensino de gramática, "Linguística na escola" significaria a assunção de métodos de teorias gramaticais que poderiam auxiliar na resolução de tarefas concernentes ao próprio *curriculum*. A terceira acepção entende que "Linguística na escola" significaria a assunção de questões e problemas de investigação próprios das disciplinas de Linguística. O sucesso dessas acepções está, naturalmente, na dependência do cuidado, por linguistas e professores da Educação Básica, para que sejam garantidas as adaptações didáticas pertinentes ao nível escolar: Ensino Fundamental ou Médio.

Todas essas três formas de entender o que seja "Linguística na escola" têm oferecido importantes subsídios teóricos e metodológicos no âmbito da formação na graduação e no da formação continuada de professores (p.ex., em iniciativas de extensão universitária), o que, naturalmente, tem o potencial de agregar contribuições também ao ensino de língua na escola. A Linguística brasileira tem felizmente se mostrado bastante empenhada e compromissada com o ensino de língua portuguesa, o que fica evidente em iniciativas como a da Abralin na SBPC, aludida em nota na última subseção, e em outros eventos que contam inclusive com a participação de professores do Ensino Fundamental e Médio.[14]

Particularmente – e isso terá ficado claro pela descrição feita na seção 1.2 –, tenho preferência pela segunda acepção do "Linguística na escola" (o que se verá nos capítulos que se seguem, sobretudo nos capítulos 4 e 5), tendo em vista seus aspectos mais pragmáticos: faz-se uma diagnose do *curriculum* (tomando como base as fontes de documentação mencionadas na seção anterior: BNCC, livros do PNLD, entrevistas com professores etc.) e, a partir dessa diagnose, propõem-se encaminhamentos.

As reflexões do capítulo foram iniciadas com uma citação, na epígrafe, de um texto de Ilari & Possenti (1985), escrito para um programa de formação de professores da rede estadual de ensino do estado de São Paulo, o "Projeto Ipê". Na citação, após lamentarem o insucesso sentido no ensino de língua materna, sobretudo considerando o ensino da escrita na variedade-padrão, os dois linguistas manifestaram sua preocupação com esse insucesso. No texto, os autores, para além de uma rica discussão, de cunho mais formativo, dos conceitos de língua, gramática – o que voltará a aparecer aqui no capítulo 3 –, regras e erros, oferecem sugestões metodológicas que podem colaborar com o trabalho dos docentes no ensino da língua materna. Várias tentativas têm sido feitas desde a publicação, cerca de 40 anos atrás, desse texto de Ilari & Possenti. E todas as três formas de conceber "Linguística na escola" têm se revelado úteis, o que testemunha em favor do comprometimento da academia brasileira para com a formação do quadro docente.

---

[14] Como referido na nota 2 da "Introdução" ao livro, o encontro intermediário do GT de Teoria da Gramática da Anpoll, ocorrido *on-line* em 6/10/2021, teve um *workshop* dedicado à Linguística Educacional, testemunho do empenho institucional – inclusive da parte de associações de pós-graduação – para com o ensino na Educação Básica.

1.5 Cenas do próximo capítulo

O próximo capítulo revisitará o que Tescari Neto & Souza de Paula (2021) chamaram de "as duas frentes do ensino de gramática na Educação Básica", a saber, o estudo das normas gramaticais e o da análise linguística propriamente dita. Para uma exposição detalhada dessas duas frentes, serão revisados alguns conceitos bastante fundamentais – e que fazem parte do programa formativo em cursos de licenciatura em Letras –, como os conceitos de norma e a tipologia de normas que vemos na formulação de Faraco (2008). Discutiremos o papel da norma tomada como referência no *continuum* tipológico dos gêneros textuais (Koch & Oesterreicher, 2013; Marcuschi, 2004, 2010). O capítulo, ao apresentar a segunda frente do ensino de gramática – a análise linguística –, refletirá também sobre o lugar da metalinguagem nas aulas de língua portuguesa no ensino regular.

2
Das duas frentes
do ensino de gramática

Nossa competência na língua materna se amplia quando a promovemos do papel de mero instrumento de comunicação ao de objeto de observação, quando ela deixa de ser apenas uma ferramenta de uso cotidiano e se torna, além disso, uma fonte de possibilidades. Quando alguém passa a entender como a língua se organiza para desempenhar suas funções, seguramente se torna muito mais apto a extrair significados de suas formas, seja como leitor, seja como enunciador. Dá-se, desse modo, um salto qualitativo no relacionamento do indivíduo com sua língua.

J. C. Azeredo

Ao retomar o que Tescari Neto & Souza de Paula (2021) chamam de "as duas frentes do ensino de gramática", a saber, a frente que se volta à descrição e à explanação da norma tomada como referência – que, em Faraco (2008), seria a "norma gramatical" (qual descrição, pelos gramáticos, da "norma-padrão") – e a frente que se volta à análise de fenômenos gramaticais (não necessariamente com propósitos prescritivos) – denominada em Geraldi (1984) e Mendonça (2006) de "análise linguística" –, este capítulo tem por objetivo discutir o lugar do ensino de gramática (consideradas essas duas frentes) na Educação Básica e na formação do professor de língua portuguesa. São revisitados os conceitos de norma (conforme a tipologia proposta em Faraco (2008)) para entender, com apoio em Tescari Neto & Bergamini-Perez (2023), o papel da norma-padrão (que serve como referência) no cruzamento de dois *continua*: o dos gêneros textuais (Koch & Oesterreicher, 2013; Marcuschi, 2004) e o da monitoração estilística (Bertoni-Ricardo, 2003). O capítulo também discute o lugar da metalinguagem na análise linguística.

INTRODUÇÃO

Na seção 1.1, ao tratar da primeira acepção de "Linguística na escola", mencionei, de passagem, duas frentes do ensino de gramática na Educação Básica e em programas de formação de professores de língua portuguesa, considerando tanto a formação em cursos de licenciatura em Letras quanto a formação continuada. Tescari Neto & Souza de Paula (2021) – com base em consulta feita (*i*) à BNCC (Brasil, 2017, 2018) e a livros do PNLD, bem como (*ii*) a projetos pedagógicos e/ou ementários de cursos de licenciatura em Letras – reconhecem duas frentes principais do ensino de gramática. Conforme a formulação dos autores, a primeira abarcaria reflexões sobre a *norma tomada como referência* – considerando seu lugar no *continuum* tipológico dos gêneros textuais (Koch & Oesterreicher, 2013; Marcuschi, 2004, 2010) –, ao passo que a segunda abrangeria reflexões sobre a *estrutura da língua* – na esfera das atividades de "análise linguística".[1]

---

[1] Há aqui certa sobreposição entre, de um lado, o que Tescari Neto & Souza de Paula (2021) chamam de "as duas frentes do ensino de gramática" e, de outro, os "três eixos" do ensino de gramática de que trata Vieira (2018), a saber, os eixos de (*i*) gramática e atividade reflexiva, (*ii*) gramática e produção de

A BNCC, que elabora o conteúdo programático – os "objetos de conhecimento" – dos currículos em território nacional, informa, nas habilidades de língua portuguesa, tópicos dessas duas frentes do ensino de gramática. A propósito, p.ex., da primeira frente, a BNCC do Ensino Fundamental sugere, no plano metodológico – como já mostrado em várias passagens do capítulo anterior –, que estruturas da norma-padrão sejam comparadas com as correspondentes em variedades não padrão do PB. Na esteira de Tescari Neto & Perigrino (2024), tendo em conta a primeira frente do ensino de gramática, um trabalho em perspectiva comparada, a confrontar dados do português dos alunos (dados esses conseguidos via introspecção – cf. capítulo 3) com ocorrências prescritas pelos gramáticos, pode promover o acesso dos estudantes às regras da gramática-alvo,[2] i.e., às regras da gramática da norma-padrão (sobre a qual falaremos na seção 2.1.1). Para a segunda das frentes, a da *análise linguística*, expedientes específicos empregados em análises acadêmicas praticadas por linguistas, como testes para diagnose da constituência sintática, testes para a identificação de funções sintáticas etc., podem contribuir – com as adaptações didáticas necessárias – para a execução das

sentidos e (*iii*) gramática e normas/variedades. Uma vez que se espera que o ensino de ambas as frentes envolva não só atividade reflexiva como também a produção de sentidos – afinal, conforme Franchi (2006, p. 88), "gramática é o estudo das condições linguísticas da significação" –, os eixos de Vieira estão de certa forma subsumidos ou contemplados nas duas frentes de que tratamos em Tescari Neto & Souza de Paula. Obviamente que a escolha, por Tescari Neto & Souza de Paula, de salientar essas duas frentes do ensino de gramática tem o papel de reconhecer, com os PCNs e a BNCC – e tendo em vista sobretudo o trabalho dos professores da Educação Básica –, o lugar que reflexões sobre a norma que serve como referência devem ter no ensino regular. É papel, portanto, da Linguística Educacional reunir esforços, sobretudo metodológicos, para facilitar o acesso dos estudantes – para não dizer dos professores – também às regras subjacentes à norma gramatical.

[2] Naturalmente, no espírito da primeira e da segunda acepções de "Linguística na escola", já discutidas respectivamente nas seções 1.1 e 1.2.

atividades já propostas pelos livros didáticos e apostilas utilizados na Educação Básica, atividades estas que desenvolvem objetos de conhecimento indicados na BNCC.

O objetivo do capítulo, ao revisitar a formulação de Tescari Neto & Souza de Paula (2021) sobre essas duas frentes do ensino de gramática, é discutir o lugar de cada uma delas no ensino regular – e, consequentemente, em programas de formação de professores. Para tanto, e considerando a primeira das frentes (foco da seção 2.1), o capítulo retoma a tipologia de normas de Faraco (2008) (seção 2.1.1) com a finalidade de preparar o terreno para a discussão avançada na seção 2.1.2, que busca entender – com apoio na formulação feita em Tescari Neto & Bergamini-Perez (2023) – o lugar da norma-padrão no *continuum* tipológico dos gêneros textuais (tendo em conta a formulação de Marcuschi, 2004, 2010 – veja-se também Koch & Oesterreicher, 2013), que se sobrepõe a um outro *continuum*, o de monitoração estilística (Bortoni-Ricardo, 2003). De posse das discussões avançadas nas seções 2.1.1 e 2.1.2, a seção 2.1.3 discute o lugar do ensino da norma-padrão de referência tanto na Educação Básica quanto na formação de professores. A seção 2.2, por seu turno, volta-se à segunda frente, que contempla a análise de fenômenos gramaticais (não necessariamente com propósitos prescritivos) – denominada em Geraldi (1984) e Mendonça (2006) de "análise linguística". Como feito na seção 2.1.3 a propósito do lugar do estudo da norma no ensino, a seção 2.2 problematiza o lugar da segunda frente na educação linguística, em vista da formulação de Azeredo (2014) que abre o capítulo com a epígrafe. Segue-se, na seção 2.2.1, uma reflexão sobre a importância da metalinguagem no contexto da análise linguística. Uma sinopse dos conteúdos do capítulo é apresentada na seção 2.3. A seção 2.4 antecipa os tópicos do próximo capítulo.

2.1 A PRIMEIRA FRENTE DO ENSINO DE GRAMÁTICA: REFLEXÕES SOBRE A NORMA TOMADA COMO REFERÊNCIA

Em Tescari Neto & Souza de Paula (2021), discutimos o lugar do que chamamos naquele artigo de "as duas frentes do ensino de gramática" na Educação Básica e na formação de professores de língua portuguesa, a saber, a frente das normas gramaticais e a da análise linguística.

A primeira frente – a das *normas gramaticais* (considerando-se o conceito cunhado por Faraco (2008)) – envolve reflexões sobre a norma descrita e prescrita pela tradição gramatical: trata-se da norma tomada como referência. Uma vez que aqui se assume, como ingredientes conceituais de partida, a tipologia de *normas* de Faraco (2008) e o *continuum* tipológico dos gêneros textuais (Marcuschi, 2004, 2010) – propostas bastante acolhidas entre professores, tendo em conta que essas referências figuram não só em editais de concurso para docentes da Educação Básica como também em referências bibliográficas de disciplinas de cursos de Letras –, convém revisitar, ao apresentar a primeira das duas frentes do ensino de gramática, a tipologia mesma de normas. A compreensão dessa tipologia será fundamental no contexto das discussões das seções 2.1.2 e 2.1.3: a seção 2.1.2 trata de entender a sua pertinência numa abordagem em que fala e escrita são vistas não como entidades dicotômicas, mas como entidades dispostas num *continuum*: o *continuum* tipológico dos gêneros textuais (Koch & Oesterreicher, 2013; Marcuschi, 2004, 2010); a seção 2.1.3, considerando o exposto nas duas seções anteriores, problematiza o lugar, no ensino de língua portuguesa, da primeira das frentes.

2.1.1 Dos conceitos de norma em Faraco

Com a publicação do *Curso de linguística geral* (Saussure, 2006), organizado por ex-alunos e discípulos de Ferdinand de Saussure –

tomando como base anotações de aulas de cursos de Linguística Geral oferecidos pelo mestre genebrino no início do século passado –, o estudo da linguagem pôde, enfim – apesar da constante luta travada contra o que Malmberg (1976) chamou de "forças conservadoras" – ser "reconhecido como autônomo no âmbito das ciências" (Malmberg, 1976, p. 17). No contexto das convulsões epistemológicas que marcaram as Humanidades nos séculos XVIII e XIX, as opções de Saussure puderam garantir à Linguística o estatuto de "ciência-piloto das ciências humanas" (Mounin, 1997, p. 7). Com Saussure, o interesse da Linguística se voltaria à *langue,* i.e., ao *sistema,* lugar onde estariam depositadas as regras linguísticas socialmente compartilhadas e incrustadas na mente dos indivíduos de uma comunidade. A *parole* seria o lugar das execuções individuais. O "corte saussuriano", ao eleger o sistema – a *langue* –, deixaria a investigação sobre a *parole* para um outro momento (cf. Marcuschi, 2005).

Um dos leitores de Saussure – um crítico, na verdade –, Eugen Coşeriu, em artigo publicado em 1952, republicado anos mais tarde em livro (Coşeriu, 1967), argumentou que entre o *sistema* e a *fala* haveria um "nível intermediário", o da norma. A norma congregaria usos corriqueiros, normais, habituais e repetidos – Coşeriu chega inclusive a usar o termo "frequência" em sua formulação – em determinado grupo (*isoglossa*).

Está na base dessa formulação por Coşeriu o conceito de "norma" em Linguística, que, em sentido geral, diz respeito ao conjunto de hábitos observados nos mais variados níveis de análise: no léxico, na fonologia, na morfologia e na sintaxe. Esse é o sentido geral do termo "norma". Assim, no português popular de indivíduos não escolarizados adultos, provenientes da zona rural do noroeste do estado de São Paulo (cf. Tescari Neto & Bergamini-Perez, 2023), o arquifonema /R/, em contexto de final de sílaba, é realizado pelo "r-retroflexo", típico da fala caipira. Morfologicamente, nessa mesma "norma", não se observa aquela neutralização entre as formas de primeira pessoa do plural de verbos de primeira conjugação no presente do indicativo e no pretérito perfeito do indicativo, tipicamente observada na norma comum ou culta do PB para a qual se tem "(nós) amamos" para ambos os tempos; na norma caipira em questão, por seu turno, o presente do indicativo é realizado como "(nós) ama(mos)", enquanto o pretérito perfeito do indicativo se faz pela forma "(nós) amémo". De maneira similar ao que se observa no português brasileiro comum/culto/standard (Kanthack, 2002), essa variedade (ou "norma" popular e rural) caracteriza-se também, sintaticamente, por uma tendência generalizada à próclise, com ênclise restrita a contextos específicos (Tescari Neto & Bergamini--Perez, 2023). Faraco (2008) aproxima o conceito mais geral de norma – ou norma "normal" – do conceito de variedade linguística, haja vista o fato de cada norma, qual variedade específica, compreender um conjunto de hábitos notados nos mais diversos níveis de análise (léxico, fonético-fonológico, morfológico, sintático etc.).[3]

Reconhece Faraco que uma tal concepção de *norma*, mesmo tendo sido elaborada no seio do Estruturalismo coşeriano, "não perde vitalidade quando transposta para outros quadros teóricos" (Faraco, 2008, p. 37). Diante de uma tal constatação, por Faraco (2008), a propósito do conceito de norma – "transportado" do quadro estruturalista a outros quadros de análise como o da Sociolinguística laboviana (e, naturalmente, ignorando, por um minuto, a incomensurabilidade das diferentes teorias (Kuhn, 1962)) –, valeria estender,

---

[3] Sobre os níveis de análise linguística, há uma vasta literatura em português, valendo indicar os manuais introdutórios organizados por Mussalim & Bentes (2001a, 2001b), Fiorin (2003) e Martelotta (2010), que contam com capítulos para cada um dos níveis de análise tradicionalmente reconhecidos. Mateus & Villalva (2006) é também uma ótima referência introdutória, porém em um único capítulo, aos diversos níveis tipicamente reconhecidos pela tradição.

à abordagem de *norma* de Coşeriu, a mesma observação que fez Ilari (2004) da teoria saussuriana, por ele entendida como uma "metateoria" já por fornecer noções adequadas a diferentes teorias. Terá acertado Faraco ao conjecturar que também as conceituações de Coşeriu sobre norma teriam sido transportadas a quadros teóricos posteriores. Embora se tenha que reconhecer, com Borges Neto (2004), que a incomensurabilidade de paradigmas teóricos torna complicada qualquer tentativa de aproximação de conceitos formulados em paradigmas distintos, o caráter presumivelmente metateórico da conceituação de Coşeriu justificaria a aproximação, por Faraco, entre *norma* e *variedade*. Para além desse conceito mais geral, Faraco estabelece uma tipologia de normas, que conta com quatro definições derivadas daquele conceito mais geral.[4]

A "norma culta (ou comum ou standard)" diz respeito ao conjunto de fatos (fonológicos, morfológicos, sintáticos e lexicais) recorrentemente observáveis em produções (orais e escritas) de indivíduos de grupos sociais ligados à cultura escrita, inclusive em situações de maior monitoramento. Numa perspectiva de *continuum tipológico dos gêneros textuais à la* Marcuschi (2004), essa norma é a maiormente utilizada em gêneros em que o grau de monitoração estilística é maior. Logo mais a seguir, trarei algumas considerações de Tescari Neto & Berganini-Perez (2003) a respeito do papel da norma dita padrão (qual descrita na *norma gramatical* pelos gramáticos) em relação ao uso comum, considerando a perspectiva do *continuum* tipológico dos gêneros textuais.

As variedades utilizadas pelos usuários da norma dita culta, segundo Faraco (2008, p. 46), caracterizam-se

---

[4] Aqui recorro à tipologia de normas de Faraco pelas razões justificadas na seção anterior. Os termos norma-padrão e norma culta têm sido utilizados como sinônimos nas formulações de vários linguistas. No contexto da Linguística Educacional, a tipologia de Faraco (2008) tem sido acolhida, motivo pelo qual opto aqui por recorrer a ela.

[...] como aquelas que se distribuem no entrecruzamento do polo urbano (no eixo rural-urbano) com o polo do letramento (no eixo oralidade--letramento). No eixo da monitoração estilística, essas variedades conhecem, como as demais, diferentes estilos, desde os menos até o mais monitorados.

A monitoração estilística, como se vê, é fundamental para a compreensão do que, para Faraco, é entendido como "norma culta", na medida em que há reconhecida variação relativamente ao seu monitoramento, variação esta dependente, em certa parte – como argumentam Tescari Neto & Bergamini-Perez (2023) –, do gênero textual em questão. Nesse sentido, uma perspectiva de *continuum* tipológico dos gêneros – cf. seção 2.1.2, a seguir – tem, ao que parece, o potencial de resolver a aparente tensão em relação ao que considerar *norma culta* e o que considerar norma-padrão, uma vez que a culta/comum/standard é aquela balizada, sobretudo na escrita, pela *padrão,* qual descrita pelas normas gramaticais.

Quanto à "norma-padrão", trata-se, na formulação de Faraco, de "uma codificação relativamente abstrata, uma baliza extraída do uso real para servir de referência, em sociedades marcadas por acentuada dialetação, a projetos políticos de uniformização linguística" (Faraco, 2008, p. 73). Considerando-se o contexto brasileiro, o que Faraco (2008) chama de norma-padrão teria sobreposições com a norma que, em Pagotto (1998), é denominada de "culta", conforme reconhece o próprio Faraco em sua formulação: a norma-padrão reflete "a tentativa de lusitanização da nossa norma culta/comum/standard[,] de integral responsabilidade de nossa elite letrada" (2008, p. 81). Vemos tal formulação em Pagotto (1998, 2013), a propósito da norma dita culta: ao passo que, em Portugal, o Romantismo conseguiu implementar na norma culta as mudanças que se observavam nas línguas-*Is*[5] dos por-

---

[5] Sobre o conceito de língua-I, cf. seção 3.1

tugueses, no Brasil, não obstante os esforços de Alencar, "terminamos o século XIX com uma norma culta ainda mais distante do português brasileiro" e muito próxima do europeu moderno (Pagotto, 1998, p. 54).

Novamente, é importante reconhecer a sobreposição terminológica entre as referências aqui citadas sobre norma (nomeadamente, as de Faraco (2008) e Pagotto (1998, 2013)). Pagotto (1998) se refere à norma que serve de referência como "norma culta". Em Pagotto (2013), "norma culta" e "norma-padrão" são tratadas, salvo engano, como sinônimas: o interesse do autor é mostrar – com base em um exame de construções de colocação pronominal, de emprego de preposições em completivas e relativas, e de emprego do relativo (a)*onde* etc. – a alteração na norma culta/padrão no Brasil entre as constituições do Império (1824) e da República (1891).

A escolha dos textos constitucionais por Pagotto (2013) é bastante acertada aos propósitos de seu trabalho, na medida em que o autor se preocupa em investigar como a norma foi constituída no Brasil. A própria escolha do título antecipa isso com o "jogo" feito com as palavras "constituição" e "constituições": investiga-se a norma das duas constituições para disso inferir como se deu o processo de constituição da norma. Há um paradoxo interessante sabiamente notado por Pagotto: ao passo que, conforme a descrição dos linguistas – sobretudo em vista do trabalho seminal de Tarallo (1983) –, o português do Brasil no século XIX vai se tornando cada vez mais brasileiro (uma vez que uma série de construções passam a diferenciá-lo da variedade europeia),[6] a norma dita padrão sofre uma drástica mudança no

---

[6]   Esses trabalhos, no espírito de Tarallo (1983), apontam o século XIX como aquele em que se tem claramente a emergência de uma gramática do PB distinta da do português europeu. Uma série de mudanças observáveis afetaram o português no Brasil naquele século. A esse respeito, vejam-se, p.ex., os trabalhos reunidos em Roberts & Kato (1993). Sintetizemos alguns desses fenômenos que marcaram a emergência de uma gramática em essência brasileira. Houve uma reorganização do sistema pronominal, o que teria levado a um empobrecimento do paradigma flexional verbal.

mesmo século, passando a acompanhar não a tendência observada entre os brasileiros, mas a norma que estava sendo implementada em Portugal, o que é notado pelo autor a partir das três construções por ele comparadas, mencionadas no parágrafo anterior.[7,8]

Tratemos, pois, da norma dita "gramatical" de que fala Faraco. A norma gramatical é aquela cujas regras estão descritas nas gramáticas normativas: trata-se de uma descrição, pelos gramáticos,

> Com um sistema verbal mais "empobrecido" – se comparado ao das línguas românicas europeias –, o PB teria, p.ex., perdido o que os gerativistas chamam de "movimento longo do verbo finito" (veja-se a esse respeito Galves, 1994) e uma série de outros movimentos como a inversão verbo-sujeito em interrogativas (Lopes Rossi, 1993), tipicamente observada no português europeu (PE). Sem dúvida alguma, esses estudos são resultado do trabalho seminal de Tarallo (1983) sobre as relativas, que apontou uma diminuição crescente no preenchimento da posição de objeto e um aumento crescente no preenchimento da posição de sujeito. Tarallo iluminou estudos não só em Sociolinguística como também em Gramática Gerativa, sobretudo os realizados no âmbito da Linguística Diacrônica e no âmbito do que se convencionou chamar de Sociolinguística Paramétrica, de que o estudo de Duarte (1995) é referencial bastante citado. Em linhas muito gerais, passam a caracterizar a sintaxe do PB (a partir do século XIX) os seguintes fenômenos, entre outros: 1. o progressivo empobrecimento de sua morfologia flexional (Galves, 1994; Duarte, 1995); 2. o uso de categorias vazias cuja identificação não pode ser feita através da flexão (p.ex., em posição de objeto – cf. Cyrino, 1997); 3. a perda de movimentos longos de elementos vários, como verbos (Galves, 1994; Cyrino, 2013; Tescari Neto, 2013), pronomes interrogativos (Lucchesi & Lobo, 2005) e clíticos (Pagotto, 1992).

[7] O trabalho de Pagotto não pode jamais passar despercebido daqueles que fazem Linguística Diacrônica (no sentido da Teoria de Princípios e Parâmetros): há que considerar se, nos textos do século XIX, o que se toma como registro da língua-I dos usuários da época é a norma dita comum/culta/standard (no sentido de Faraco) e, portanto, em certa medida, de fato uma reprodução aproximada das línguas-Is daqueles indivíduos, ou se o que se considera língua-I a partir dos textos não corresponderia à norma que estava sendo implantada como registro-padrão.

[8] Conforme já antecipado na nota 4, a sobreposição dos conceitos *norma-padrão* e *norma culta* é comum em textos da literatura sobre o tema. Travaglia (2002) recorre ao termo "norma culta" para se referir ao mesmo conceito que vemos em Pagotto. Igualmente, em Ilari & Possenti (1985), o conceito de culta é muito próximo ao empregado em Pagotto e em Travaglia.

da norma-padrão – esta pautada sobretudo nos escritores românticos portugueses (Pagotto, 1998, 2013; Faraco, 2008) – com a incorporação, pelos mesmos gramáticos, de alguns elementos do uso "comum", conforme ressalta Faraco. Em essência, portanto, a norma gramatical é a norma-padrão descrita em gramáticas de referência, dicionários e dicionários de regência. Alguns gramáticos brasileiros de tradição mais filológica (p.ex., Rocha Lima, Evanildo Bechara, Celso Cunha e Celso Pedro Luft) flexibilizaram, no dizer de Faraco, algumas das regras da norma-padrão, acolhendo elementos da norma culta/comum/standard; tal flexibilização não teria levado, porém, os gramáticos a acolher integralmente elementos da norma culta/comum/standard: "Nossas melhores gramáticas estão, assim, num meio-termo entre 'os excessos caprichosos' da norma-padrão (para usar a feliz expressão de Evanildo Bechara) [...] e as descrições sistemáticas da norma culta/comum/standard" (Faraco, 2008, p. 81). Nesse sentido, a norma gramatical, qual entendida em Faraco, nada mais é do que uma descrição, pelos gramáticos, do que se considera a norma-padrão (com a incorporação de alguns elementos da norma comum/culta/standard).[9] Ao longo deste livro, vamos nos referir à

[9] Convém, antes de mais nada, lembrar que o processo de "produção" de gramáticas – que acompanhou, pelo menos no caso europeu, o processo de estabelecimento das monarquias nacionais – foi anterior ao movimento que as Humanidades, à época "Ciências Morais", protagonizaram nos séculos XVIII e XIX: a gramática de Fernão de Oliveira, por exemplo, data de 1536. Conforme Japiassu (1994), as "Ciências" Humanas – as antigas "Ciências Morais" ou suas herdeiras – se constituem como "conjunto de áreas a reivindicarem para si o estatuto de ciência" tão somente no século XIX. Os discursos proferidos sobre as atividades humanas, antes do movimento "positivista" em Humanidades, "não tinham por primeiro objetivo explicar ou compreender os fatos humanos e sociais. Seu objetivo era o de propor regras ou normas, submetendo essas atividades a uma ordenação ao bem do indivíduo, do governo ou da coletividade" (Japiassu, 1994, p. 77). Em essência, portanto, tais "discursos" eram marcados por um viés normativista. A passagem do discurso normativo ao explicativo marca, segundo o mesmo Japiassu (*idem*, *ibidem*), o "nascimento" das "Ciências Humanas".

norma gramatical também como "norma tomada como referência" – conforme já temos feito desde a "Apresentação".

Antes de finalmente voltar a tratar da primeira das duas frentes do ensino de gramática, nomeadamente a frente que envolve (reflexões sobre) as normas gramaticais, um outro excurso, dessa vez a respeito do *continuum* tipológico dos gêneros textuais, faz-se necessário para compreender o lugar, no ensino de gramática, da primeira das duas frentes. Vou, aqui, retomar pontos essenciais da teorização de Koch & Oesterreicher (2013), qual revisitada em Marcuschi (2004, 2010), a propósito do *continuum*, antes de explicar o modo como Tescari Neto & Bergamini Perez (2023) concebem a importância desse *continuum* no contexto do ensino das normas em aulas da primeira das duas frentes.

2.1.2 Do continuum *tipológico dos gêneros textuais e do lugar da norma tomada como referência*

Para Marcuschi (2004), fala e escrita não são entidades dicotômicas; antes, manifestam-se num *continuum* tipológico, o dos gêneros textuais – ideia já presente em Koch & Oesterreicher (2013), originalmente publicado em 1985. Para Bakhtin (1997), gêneros textuais são "tipos relativamente estáveis de enunciados", uma definição,

Nos estudos da linguagem, isso é o que claramente vemos quando, sobretudo com Ferdinand de Saussure, a Linguística Teórica ganhou – não obstante a constante luta travada contra forças conservadoras a que nos referimos no início da seção, com apoio em Malmberg (1976) – o estatuto de (ou, mais propriamente, passou a reivindicar para si o estatuto de) "ciência-piloto" no contexto das Humanidades, justamente por abraçar essa vocação explicativa, deixando de lado o discurso normativista típico das Gramáticas Tradicionais – veja-se, contudo, Bispo (2024). Ao abandonar o discurso "normativista", a Linguística contemporânea deixa evidente o que Japiassu (1994) diz a respeito do abandono, pelas disciplinas das até então chamadas "Ciências Morais", de um discurso orientado ao "bem" em proveito de um discurso mais orientado à descrição/explicação dos fatos humanos; em nosso caso, fatos de linguagem.

convenhamos, um pouco obscura, mas que, qual reinterpretada por Marcuschi (2004, 2010), faz algum sentido no contexto do ensino de língua portuguesa na Educação Básica: gêneros textuais nada mais são do que tipos de textos a cumprir funções sociais específicas; assim, uma receita culinária é um gênero na mesma medida pela qual um sermão de um sacerdote também o é. Vários são os gêneros, cada um concebido consoante à experiência e à necessidade humanas, o que explica a plasticidade mesma deles. Os gêneros se distribuem num *continuum* tipológico, conforme a representação da Figura 2.1, abaixo, adaptada de Marcuschi (2004) – e que guarda semelhança, em espírito, com a representação de Koch & Oesterreicher (2013, p. 157) – e a esse *continuum* de gêneros se sobrepõe um outro: o de *monitoração estilística* (Bertoni-Ricardo, 2003), que guarda certa semelhança com o conceito de *monitoração do público* (ou *audience design*) do sociolinguista neozelandês Allan Bell (1984).

Para entender o papel da norma tomada como referência – a norma denominada, como vimos na seção anterior, "gramatical" – tendo em conta a dinâmica do entrecruzamento dos dois *continua*, o dos gêneros e o da monitoração estilística, cumpre uma breve explicação do funcionamento mesmo do *continuum* dos gêneros *à la* Marcuschi/Koch & Oesterreicher. Na esteira de Koch & Oesterreicher, fala e escrita são tomadas por Marcuschi não como entidades discretas, mas como construtos que se distribuem num *continuum* de gêneros textuais. Gêneros textuais cumprem funções sociais e são definidos com base nas funções que exercem na sociedade, segundo a formulação de Marcuschi. Tomando por ora, então, os gêneros que Marcuschi situa na parte inferior da representação da Figura 2.1 (i.e., os gêneros da fala), a ideia de *continuum* é percebida à medida que se avança, da esquerda para a direita, i.e., da fala à escrita; a esse *continuum* de gêneros se sobrepõe outro: o de monitoração estilística (Bortoni-Ricardo, 2003), sobre o qual torno a falar mais adiante.

GRAMÁTICA E FORMAÇÃO DE PROFESSORES DE LÍNGUA PORTUGUESA | 69

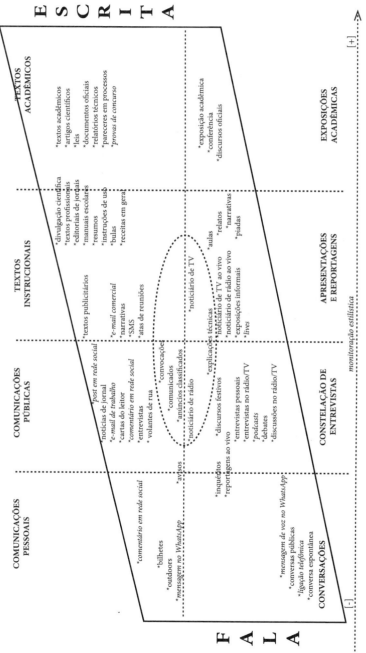

Figura 2.1 – O *continuum* tipológico dos gêneros textuais (adaptado de Marcuschi, 2004, p. 41).

A Figura 2.1 é uma adaptação, conforme informado na legenda, da representação original de Marcuschi (2004). Há um esquema em Koch & Oesterreicher (2013, p.157), semelhante em espírito ao da Figura 2.1, embora sem a riqueza descritiva relativamente à amplitude de gêneros considerados e à tentativa de agrupar gêneros em blocos ("conversações", "constelações de entrevistas", "textos acadêmicos", "textos instrucionais" etc.). Dada a plasticidade mesma dos gêneros (Marcuschi, 2010) – novos gêneros entram em circulação por conta da experiência e das necessidades humanas; velhos gêneros vão entrando em desuso –, incluo, no esquema original de Marcuschi, alguns novos gêneros que passaram a circular depois da publicação de *Da fala para a escrita: atividades de retextualização*, de onde foi extraído o esquema da Figura 2.1. Esses novos gêneros incluem, entre outros, a mensagem de voz no WhatsApp, o *e-mail* comercial etc.; na figura, esses gêneros incluídos aparecem italicizados. Outros gêneros, como dito, acabaram caindo em desuso, como a "carta pessoal", não representada na figura, ainda que não tenha sido eliminada por completo; os saudosistas podem, aliás, enviar, pelos Correios, uma "missiva" a um familiar. A carta pessoal acabou sendo substituída, ao longo dos anos, por outros gêneros, como o *e-mail* pessoal e, hoje, a mensagem de WhatsApp. A figura adaptada inclui também a linha tracejada na base inferior, que representa o *continuum* de monitoração estilística de Bortoni-Ricardo (2003): à medida que se avança à direita, as formulações são sentidas, ao mudar de um gênero a outro, como "mais monitoradas" estilisticamente.

Para fins de exemplificação, consideremos o gênero "conversa espontânea" – p.ex., um diálogo (simétrico) entre dois amigos. A conversa entre amigos será muito menos monitorada, no plano do estilo, se comparada com uma entrevista de TV. Assim, se um estudante da Unicamp é interpelado, em frente ao restaurante universitário, pela EPTV local – interessada em obter informações, em entrevista para o "Bom dia[,] Cidade", sobre a refeição na Universidade –, ele monitorará o estilo de sua fala um pouco mais do que em uma situação de conversa com seus amigos (gênero "conversa espontânea"). O mesmo estudante, se convidado pela TV Unicamp para gravar, para um programa televisivo, uma entrevista sobre o tema de sua pesquisa de doutorado, monitorará ainda mais a sua fala, em comparação com a situação de entrevista "de supetão" na frente do restaurante: haverá um *script* elaborado pela equipe do programa da TV Unicamp, previamente passado ao estudante, que terá tempo de preparo e quiçá suporte da escrita para elaborar as respostas do que vier a falar durante a entrevista. A monitoração estilística será, então, percebida em maior grau se comparada com a monitoração na situação da entrevista "de supetão" e em maior grau ainda se comparada com a monitoração na conversa espontânea. Vê--se, pois, que se sobrepõe, ao *continuum* dos gêneros, o de monitoração estilística – o que, mais uma vez, se indica na Figura 2.1 pela flecha que aparece na parte inferior, tracejada –, de modo que, na situação de uma apresentação de seminário em disciplina da Universidade, o grau de monitoração estilística, pelo nosso doutorando, será ainda maior do que na tela da TV Unicamp: ele preparará o seminário recorrendo a textos escritos, elaborará *slides* para a apresentação – claramente tendo suporte da escrita –, o que determinará um estilo ainda mais cuidado.

Consideremos, agora, a parte superior do *continuum* dos gêneros, no polo onde se situam gêneros da escrita. O nosso mesmo aluno, ao final de seu doutorado, entregará uma versão de sua tese à banca. Certamente, o(a) orientador(a) sugerirá que o texto seja revisado por um profissional da área de Letras e Linguística, de modo que a escrita não dê margens a ambiguidades e cumpra com seu papel informativo. Os gêneros listados na coluna referida como "textos acadêmicos" por Marcuschi (*vide* Figura 2.1) são gêneros que, por sua própria função social, não deveriam dar lugar a ambiguidades de nenhuma sorte. O papel da revisão textual naqueles gêneros é fundamental. E é à norma registrada nas gramáticas que os revisores textuais recorrem para "balizar" e, assim, monitorar o estilo dos textos. Valendo-se da conjectura de Faraco (2008) segundo a qual a norma comum/culta/standard sofre influência centrípeta, i.e., de fora para dentro, da norma-padrão, Tescari Neto & Bergamini-Perez (2023) argumentam que o papel da norma gramatical – i.e., da norma descrita nas gramáticas, nos dicionários e nos manuais gramaticais, conforme vimos na seção anterior –, naqueles gêneros escritos formais, é o de "instrumento de consulta". Os autores ponderam, valendo-se da formulação de Faraco (2008), que ninguém escreve em norma-padrão, mas em norma comum/culta/standard, norma esta balizada, em maior ou menor grau, pela norma tomada como referência (a gramatical) a depender do gênero textual em questão. Isso leva Tescari Neto & Perigrino (2024, p. 184, nota 91) a sugerir que não haveria, então, necessidade – considerando a dinamicidade da sobreposição dos *continua* dos gêneros textuais e da monitoração estilística – de qualquer revisão, por ora, da norma gramatical vigente: tal norma é apenas uma baliza ou guia a garantir a monitoração estilística nalguns gêneros, sobretudo escritos.

Se continuarmos avançando, no polo superior do *continuum*, o dos gêneros escritos, da direita para a esquerda, a monitoração estilística tende a diminuir. Assim, um texto de divulgação científica da tese do mesmo estudante cujo trabalho acabamos de mencionar será menos monitorado do que a própria dissertação ou tese. Um *e-mail* enviado pelo mesmo estudante a um editor de jornal – com a indagação, pelo doutorando, sobre a demora na publicação do artigo que trará os resultados inéditos da sua tese – será ainda menos monitorado do que o texto de divulgação; e uma mensagem escrita pelo mesmo estudante a seu orientador ou orientadora, por

WhatsApp, para informar que o artigo foi finalmente aceito, será menos monitorada ainda. Na verdade, naquela mensagem, a norma gramatical acaba por ter influência bastante reduzida ou quase nenhuma, sobretudo se a relação do estudante com o(a) orientador(a) for amistosa.

A conclusão a tirar é a que chegam Tescari Neto & Bergamini-Perez (2023) e Tescari Neto & Perigrino (2024): a norma gramatical tende a ser consultada – em gramáticas, dicionários e outros instrumentos normativos como o *Vocabulário Ortográfico da Língua Portuguesa* (Volp)[10] da Academia Brasileira de Letras – apenas em gêneros muito formais, sobretudo os escritos, de sorte que não há necessidade, como pontuado parágrafos acima, desse ponto de vista, da substituição da referida norma por outra.[11]

A respeito da sobreposição dos dois *continua*, o dos gêneros e o da monitoração estilística, há um fato interessante de reproduzir aqui, sobre as escolhas operadas (em vista da monitoração do estilo) em cada gênero textual específico. Mas antes convém antecipar um tópico que será discutido no capítulo 4, mais precisamente nas seções 4.1 e 4.2. O linguista Fernando Tarallo, em sua tese de doutorado (Tarallo, 1983), discutiu as estratégias de formação, em PB, de orações subordinadas adjetivas – por ele denominadas "orações relativas". Os dados em (1a, b, c) ilustram respectivamente as três estratégias de relativização, a saber: a padrão, abonada pela norma-padrão tomada como referência; a cortadora, muito frequente na norma comum/standard/culta do PB; e a copiadora, típica, conforme Tarallo (1983), de variedades não padrão.

---

[10] Disponível em <https://www.academia.org.br/nossa-lingua/busca-no-vocabulario>. Acesso em 19/8/2024.

[11] A esse respeito, veja-se Bispo (2024), que oferece razões independentes para a desnecessidade de uma reformulação da atual norma tomada como referência.

(1) a. Este é o livro de que o professor precisa.
[*relativa-padrão*]
b. Este é o livro que o professor precisa.
[*relativa cortadora*]
c. Este é o livro que o professor precisa dele.
[*relativa copiadora*]

Não me vou estender por ora na descrição das estruturas em (1a, b, c): conforme antecipado, a seção 4.1 cuidará de discutir essas três estratégias de formação de orações subordinadas adjetivas; a seção 4.2 inclusive tratará de fatos da regência (verbal) em contextos de relativização, tendo em conta o que propõe a BNCC para o Ensino Médio – muito no espírito da segunda acepção de "Linguística na escola" (discutida na seção 1.2).

Comum às três estratégias em (1) é a transitividade do verbo da subordinada: *precisar* é um verbo "transitivo indireto" (i.e., seu complemento é precedido de preposição). Vale aqui o teste de transitividade aplicado por muitos professores de língua portuguesa (cf., a esse respeito, Tescari Neto & Perigrino, 2024, capítulo 5): *quem precisa, precisa "de" alguma coisa. Grosso modo*, a diferença entre as estratégias de relativização em (1a, b, c) reside no fato de a primeira das estratégias, a abonada pela norma tomada como referência (1a), manter, diante do pronome relativo *que*, a preposição exigida pelo verbo *precisar*; a estratégia em (1b) como que "corta", diante do relativo *que*, a preposição exigida pelo verbo *precisar* – donde vem seu nome "relativa cortadora"; a estratégia em (1c), por seu turno, típica, como se disse, de variedades não padrão do PB, copia, dentro da relativa, um pronome correferencial ao antecedente (*o livro*) e ao pronome relativo (*que*): a saber, o pronome *ele*, mantendo, por isso mesmo, dentro da subordinada a preposição *de* junto do pronome (= *dele*).

Feita essa brevíssima descrição, retomemos o assunto que nos interessa aqui: a sobreposição dos *continua* dos gêneros e da monitoração estilística. Há um fato bastante interessante, discutido em Figueiredo Silva (2020, pp. 242-243), que acerta justamente a escolha estilística feita pelo usuário de língua tendo em conta o gênero textual em questão. Como lembra Figueiredo Silva (2020, pp. 242-243), o ex--presidente da República Michel Temer, em seu discurso "oral" de posse em 12/5/2016, usou uma mesóclise que não passou despercebida da imprensa: *sê-lo-ia* (cf. (2)). Passou, contudo, despercebida da própria imprensa, no mesmo discurso de posse, uma relativa cortadora, cuja estrutura é reproduzida em (3), a seguir.

(2) "Mas eu quero fazer uma observação. É que nenhuma dessas reformas alterará os direitos adquiridos pelos cidadãos brasileiros. Como menos fosse *sê-lo-ia* pela minha formação democrática e pela minha formação jurídica."[12]

(3) "Estamos fazendo porque, sem embargo do entusiasmo de todos os senhores, todos nós compreendemos o momento difícil, delicado, ingrato *que* estamos todos passando."[13]

A imprensa sequer notou a cortadora em (3) no discurso oral, prova de que, naquele gênero – formal e monitorado –, cortadoras são bem--vindas, dada não só a plasticidade mesma dos gêneros (Marcuschi, 2010), mas também a sobreposição, ao próprio *continuum* dos gêneros, do *continuum* de monitoração estilística. No gênero "discurso (de

---

[12] Discurso do presidente da República, Michel Temer, durante cerimônia de posse dos novos ministros de Estado – Palácio do Planalto (12/5/2016). Disponível em <http://www.biblioteca.presidencia.gov.br/presidencia/ex-presidentes/michel-temer/discursos-do-presidente-da-republica/discurso-do-presidente-da-republica-michel-temer-durante-cerimonia-de-posse-dos-novos-ministros-de-estado-palacio-do-planalto>. Acesso em 19/6/2024.

[13] *Idem.*

posse)", uma cortadora "cai bem". Não à toa, Silva (2023) inclusive sugere incorporar, às variedades urbanas cultas, a estratégia cortadora.

Trocando em miúdos, a reflexão aqui feita garantiria uma justificativa teórica – considerando a interação dos dois *continua* – para o lugar da norma gramatical tomada como referência nesse complexo "jogo linguístico", o da relação ou interação entre os dois *continua*. O corolário disso na educação linguística será discutido na próxima seção e exemplificado no capítulo 4. Conforme Tescari Neto & Bergamini-Perez (2023), sendo a norma gramatical uma descrição – na formulação de Faraco – da norma-padrão (com a introdução de elementos observados, pelos gramáticos, na norma comum/ standard/culta), ela (a norma gramatical) tem então importância como instrumento de consulta: consulta-se a norma-padrão descrita nas gramáticas e nos dicionários especializados, i.e., consulta-se a norma gramatical; escreve-se, todavia, em norma comum/standard/ culta, *com variação de estilo a depender da monitoração que se faz em vista do gênero textual utilizado* e também do público. Uma Linguística Educacional que leva muito a sério o compromisso de empoderar indivíduos não se furtará – comprometida que deverá estar com a "libertadora" perspectiva de *continuum* de gêneros – a promover o acesso às normas (falo aqui naturalmente da norma que se toma como referência), haja vista seu papel essencialmente balizador, referido nas citações acima, em alguns gêneros formais e com alto grau de monitoração estilística. Há situações da vida prática – que encarnam gêneros (textuais) específicos – em que o grau de monitoração estilística é maior, monitoração esta balizada, em certa medida, pela norma. Essa norma é a que, segundo vimos, Faraco diz estar descrita nas gramáticas, e que não se confunde jamais com a *norma curta,* termo também cunhado por Faraco, e que diz respeito ao conjunto de pre(con)ceitos e ideias sobre o que supostamente seria a norma-padrão, com excesso de purismo e disseminação de equívocos e preconceitos.

A discussão levada a cabo nesta seção teve por objetivo justificar o ensino das normas, sobretudo tendo em conta a sobreposição dos *continua* dos gêneros e da monitoração estilística. Naturalmente, o professor de língua portuguesa, conhecedor da BNCC e da realidade da sala de aula – afinal de contas, é quem está, de fato, "na linha de frente" do ensino de língua portuguesa na Educação Básica, lidando com os objetos de conhecimento informados na BNCC e trabalhados nos livros didáticos e apostilas (veja-se, a esse respeito, a seção 4.2) –, sabe da importância *prática* do ensino da norma. A discussão aqui empreendida é importante, no entanto, ao estudante de licenciatura em Letras: futuro professor de língua portuguesa.

A metodologia para proporcionar o acesso às normas gramaticais pode inicialmente ser, como argumentamos em Tescari Neto & Souza de Paula (2021) e em Tescari Neto & Bergamini-Perez (2023) – tomando como base Tescari Neto & Peregrino (2024) –, uma descrição do *conhecimento internalizado dos alunos a propósito de sua própria gramática*.[14] Por expedientes de comparação entre os sistemas (do aluno e da norma), pode-se promover o acesso a um conhecimento das regras subjacentes às normas gramaticais, conforme veremos no capítulo 4. Isso se faz recorrendo a expedientes de aferição do conhecimento internalizado do indivíduo, i.e., por meio de julgamentos de aceitabilidade (tópico de que se ocupará o próximo capítulo).[15]

---

[14] Sobre os diferentes conceitos de gramática, consulte-se a seção 3.1.

[15] Não se quer, com isso, que os alunos julguem ocorrências da norma gramatical. Não é esse o caso. Quer-se que os alunos comparem ocorrências da norma com ocorrências equivalentes em sua gramática internalizada (conforme se discutirá na seção 3.3.1). Um exemplo pode ser o emprego, na escrita, do *acento grave indicador de crase*, uma questão naturalmente de escrita, não desvencilhada, contudo, da sintaxe da frase. Sobre o emprego do acento grave na escrita, consultem-se Tescari Neto & Perigrino (2024, capítulo 6) e a seção 3.3.1 já referida.

2.1.3 De volta à primeira frente do ensino de gramática: o lugar do ensino da norma nas aulas de língua portuguesa

Em vista do exposto nas seções 2.1.1 e 2.1.2, podemos finalmente voltar à primeira das duas frentes do ensino de gramática, que se ocupa de propor reflexões sobre a norma tomada como referência, ora compreendida no complexo jogo das interações na perspectiva do *continuum* dos gêneros – ao qual se sobrepõe o de monitoração estilística. Busca-se, nesta seção, argumentar em favor do lugar do ensino da norma em aulas de língua portuguesa na Educação Básica (nos anos finais do Ensino Fundamental e no Ensino Médio), bem como em favor de seu lugar em cursos de formação de professores de português, o que não significa jamais dizer – em vista do longo excurso feito na seção anterior a propósito dos dois *continua* – que a norma deva ser utilizada em todas as situações de interação social.

Conforme mencionado no início da seção de "Introdução" deste capítulo, para diagnosticar o que seriam as "frentes" do ensino de gramática (na Educação Básica e no Ensino Superior), Tescari Neto & Souza de Paula (2021) valeram-se de uma consulta feita a projetos pedagógicos e/ou grades curriculares de cursos de licenciatura em Letras (português), oferecidos em universidades brasileiras. As consultas foram feitas no Google por meio de palavras-chave informadas. Os cursos de licenciatura em Letras – se considerarmos as duas frentes do ensino de gramática – concentram-se sobretudo nos "níveis de análise", naturalmente na perspectiva da segunda das duas frentes, a ser discutida na próxima seção.

Por mais diminuto que pareça ser – a julgar pelos ementários e projetos pedagógicos consultados e reportados em Tescari Neto & Souza de Paula (2021) – o lugar da norma em cursos de licenciatura em Letras no Brasil, há que entender a sua importância na formação dos estudantes de licenciatura em Letras, futuros professores de língua portuguesa.

Dado que compete ao professor de português o ensino da norma-padrão tomada como referência nos anos finais do Fundamental e no Ensino Médio, é necessário que os cursos de licenciatura em Letras e os programas de formação continuada – como os que envolvem ações de extensão – cuidem de proporcionar reflexões sobre a norma, recorrendo à análise linguística, a exemplo do que fazem Tescari Neto & Perigrino (2024) – o que será exemplificado no capítulo 4.

Há justificativas ao estudo de aspectos gramaticais da norma em cursos de formação de professores: os professores são os que cuidarão de ensinar a norma tomada como referência aos alunos, dada sua formação em Linguística Teórica; portanto, é vital que a formação de base desses professores contemple tópicos de descrição da norma. Mas e as justificativas ao ensino mesmo, na Educação Básica, da norma? A resposta está na formulação apresentada na seção anterior: se o(a) aluno(a), qual cidadão, utilizará gêneros textuais em que a norma garantirá a monitoração do estilo em maior ou menor grau, não há motivo para não promover seu acesso aos alunos. E sugerimos que tal acesso seja promovido consoante aos expedientes metodológicos apresentados no capítulo 4. Tratemos, pois, agora, da segunda das duas frentes: a da análise linguística.

2.2 A SEGUNDA FRENTE DO ENSINO DE GRAMÁTICA: A ANÁLISE LINGUÍSTICA

A segunda frente engloba um conjunto de atividades de reflexão sobre as estruturas gramaticais, reflexões estas acompanhadas do uso de uma metalinguagem. No âmbito do ensino de língua portuguesa, convencionou-se, com Geraldi (1984) e Mendonça (2006), denominar tais atividades de "análise linguística", de modo que os Parâmetros Curriculares Nacionais (Brasil, 1998, 2000) e a Base Nacional Comum Curricular (Brasil, 2017, 2018) se referem a essas atividades de reflexão sobre a estrutura da língua pelo nome de "análise semiótica ou linguística". Por essa segunda frente, as teorias gramaticais – inclusive a gramática normativa – se valem de uma "metalinguagem" própria (i.e., de uma coleção de termos, conceitos e construtos teóricos utilizados para a descrição dos fatos gramaticais). Modernamente, em virtude de um conjunto de propostas de linguistas dos anos 1980 e 1990 – cf. Geraldi (1984), Possenti (1984, 1996), Ilari & Possenti (1985), Kato (1986), Castilho (1990), Neves (1990), Franchi (1991, 2006), entre tantos outros –, prefere-se, em linha com os PCNs e a BNCC, denominar "análise linguística" a essa atividade de reflexão sobre as estruturas (em que tradicionalmente entram questões morfológicas, como classe de palavras, e sintáticas, como a classificação dos constituintes consoante à sua "função sintática"). Na perspectiva avançada na BNCC, a análise linguística é uma atividade em que o estudo e a reflexão das estruturas envolvem necessariamente um trabalho epilinguístico – em vista de um gênero textual específico – para além da reflexão metalinguística, o que está na base da formulação, por Mendonça (2006), da "prática de análise linguística". Alinha-se Mendonça claramente à premissa dos PCNs segundo os quais as atividades de linguagem estabelecidas para o ensino regular – a saber, as atividades de leitura e produção de textos orais e escritos e a prática de análise linguística – devem ser trabalhadas de maneira harmoniosa (vejam-se também Santos *et al.*, 2013).

A maioria dos trabalhos dos linguistas – tanto funcionalistas e sociolinguistas quanto gerativistas – interessados no ensino de gramática se situa nessa "segunda frente" dos estudos gramaticais. Os trabalhos sobre ensino de gramática citados no capítulo anterior – com exceção de Lunguinho *et al.* (2020), Tescari Neto & Bergamini-Perez (2023) e Tescari Neto & Perigrino (2024) – situam--se maiormente, salvo engano, no âmbito dessa segunda frente: a da análise linguística. A importância da análise linguística no ensino de gramática – e, por consequência, na formação dos futuros professores de língua portuguesa (que guiarão, com seus alunos, as reflexões sobre a estrutura da língua) – é indiscutível, e a própria citação de Azeredo (2014) que abriu o capítulo, figurando como epígrafe, enfatiza isso: quando promovemos a língua do papel de instrumento de comunicação ao papel de objeto de observação, nossa competência linguística se amplia. Não é à toa que Franchi (2006) sugere que a educação linguística invista, num primeiro estágio, em atividades linguísticas, para posteriormente serem desenvolvidas atividades epilinguísticas, estágio que antecederia finalmente as atividades que tomam as estruturas da língua como objeto de observação: as atividades metalinguísticas, sobre as quais é dedicada a próxima seção. A importância da reflexão sobre as estruturas tem papel fundamental, portanto, também na elaboração dos nossos textos: o produtor de textos terá, graças às reflexões propiciadas pela análise linguística, uma "fonte de possibilidades" estruturais (no sentido da epígrafe) – e nisso reside a atividade epilinguística – para a elaboração de seus textos tendo em vista seus propósitos comunicativos. A relevância da reflexão sobre as estruturas coloca à formação do futuro professor de língua portuguesa e à formação continuada dos professores um questionamento igualmente importante que acerta as atividades metalinguísticas: qual o lugar da metalinguagem na análise linguística? Esse é o tópico da próxima seção.

2.2.1 Do uso da metalinguagem na análise linguística: algumas notas

Nas atividades por mim desenvolvidas na Extecamp, a Escola de Extensão da Unicamp, através da oferta de cursos de formação continuada de professores – mencionados na "Apresentação" –, um dos questionamentos mais problematizados pelos colegas professores da Educação Básica, em nossos encontros, diz respeito ao lugar da metalinguagem no ensino de língua portuguesa na escola. Continuamente, os professores – mesmo que um pouco céticos, às vezes – reverberam questionamentos de ilustres linguistas relativamente ao caráter um tanto obsoleto da NGB, a Nomenclatura Gramatical Brasileira (Brasil, 1959), e se espantam com o que costumo responder quanto a essa alegada "obsolência", para mim um tanto mais aparente do que real, em virtude dos argumentos apresentados a seguir.

Antes de mais nada, é oportuna a citação de Cinque reproduzida na sequência, retirada de um capítulo que apareceu em um *Festschrift* a Paolo Balboni, colega seu de departamento na Universidade Ca'Foscari de Veneza:

> As definições e categorias da gramática tradicional estão longe de desatualizadas. Categorias como "substantivo", "verbo", "adjetivo", "sujeito" ou classificações de frases como "relativas", "causais", "concessivas" etc. ainda são úteis, se nada mais como denominações de objetos, neste caso linguísticos, a serem usados para refletir sobre a complexidade e sistematicidade da gramática da própria língua ou de uma língua estrangeira. Veja bem: não são análises ou explicações desses "objetos"; sendo assim, as categorias da gramática tradicional são muitas vezes incompletas e devem ser trabalhadas em conjunto com outras ferramentas. No entanto, podem ser úteis para uma primeira reflexão sobre a linguagem. Por si só, o ensino das categorias gramaticais não é suficiente para uma compreensão do funcionamento da língua – por exemplo, sobre as relações entre frases, entre a frase e o seu significado, ou entre a frase e o contexto em que pode ser usada. Se se quer dar espaço a uma reflexão mais aprofundada, as categorias da gramática tradicional devem ser complementadas com outros tipos de noções e conhecimentos que as mais recentes pesquisas sobre as línguas nos permitem oferecer. (Cinque, 2018, p. 105)

Embora o contexto da citação seja o do ensino de língua materna na Itália, creio que a mesma observação seja válida no âmbito do ensino de gramática – sobretudo se considerarmos a segunda frente (a da análise linguística) – no Brasil: há uma lucidez na conjectura de Cinque, um dos grandes nomes da Gramática Gerativa e da tipologia linguística atualmente. Uma vez situada a citação no contexto brasileiro, entendo que o ensino de gramática na Educação Básica não precisa prescindir dos livros didáticos utilizados tanto menos das categorias comumente assumidas pela tradição dos estudos gramaticais. Conforme argumentei em Tescari Neto (2022), há razões para entender que o ensino de gramática não precisa necessariamente renunciar à nomenclatura utilizada pela tradição gramatical e reunida, no caso do Brasil, na NGB: (*i*) a maioria dos manuais e livros didáticos tende a acolher a NGB; (*ii*) a terminologia utilizada pelas gramáticas tradicionais está longe, na prática, de ser "obsoleta" – e nisso concordo com a citação acima; e (*iii*) as categorias utilizadas na classificação dos itens linguísticos pela tradição da Gramática Normativa – as classes de palavras, funções sintáticas, quais indicadas na NGB e utilizadas pelos livros didáticos – *são ecumênicas, i.e., são de domínio comum.*

A NGB, pela sua própria institucionalização, é ainda – não obstante todas as justas críticas que os linguistas lhe costumam fazer – de *domínio coletivo* (daí seu caráter "ecumênico"): qualquer manual ou livro didático acaba por acolher a NGB; disciplinas de morfossintaxe de cursos de licenciatura em Letras pelo Brasil afora acabam por recorrer, em algum momento, à terminologia da gramática tradicional – mesmo que para apontar possíveis inconsistências de classificação. Nesse sentido, se aderirmos à ideia da citação – revisitada, contudo, para o contexto brasileiro –, a NGB pode ser vista, no ensino, como uma primeira tentativa taxonômica para objetos linguísticos. Ademais, conforme argumentei em Tescari Neto (2022), o ponto mais importante da reflexão metalinguística é a exploração do "porquê" dos termos utilizados. Um exemplo disso pode ser explorado através da classificação, em análise sintática escolar, do termo *em Roma* em (4), a seguir.

(4) Dominique mora *em Roma.*

A NGB, que se limita tão somente a oferecer rótulos, não conta com uma "doutrina" para classificar o constituinte de natureza circunstancial dessa frase, a saber, o termo *em Roma,* seja como "adjunto adverbial", seja como "objeto indireto". A bem da verdade, a NGB "deixa" a tarefa da escolha da função sintática do termo em itálico aos gramáticos. Considerando o contexto do ensino na Educação Básica, tal tarefa é delegada à sala de aula. A classificação de *em Roma* quer como "objeto indireto" quer como "adjunto adverbial" é ao mesmo tempo possível e questionável. Por se tratar de um verbo "não intransitivo",[16] a classificação como *adjunto adverbial* do constituinte italicizado na frase não é uma boa classificação; a classificação *objeto indireto,* por sua vez, embora reconheça a natureza de complemento verbal do constituinte circunstancial, não faz menção à natureza circunstancial do referido complemento, o que também, na prática, não permite o estabelecimento de fronteiras claras entre um objeto indireto ordinário e um complemento (preposicionado ou não) de natureza circunstancial.[17] Temos, aí, uma limitação na

[16] Bechara (1985, p. 44) classifica esse verbo como "transitivo adverbial", ilustrando, como exemplos de construções em que entram tais verbos, as ocorrências em (i) e (ii), a seguir. O autor acrescenta que tais verbos "pedem como complemento uma expressão adverbial".

(i) Irei *à cidade.*

(ii) Voltei *do trabalho*

Bechara lembra que a NGB arrola os termos grifados em (i) e (ii) entre os adjuntos adverbiais e faz a seguinte observação, na mesma página: "A incongruência [da classificação, como adjuntos adverbiais, dos termos grifados em (i) e (ii)] se torna mais patente quando classificamos em: *Ida à cidade, Volta ao trabalho, à cidade* e *ao trabalho* como *complementos nominais*".

[17] Conforme argumentou Henrique Horta em aula do curso de extensão "Elementos de análise sintática para professores de língua portuguesa",

tipologia classificatória da NGB – fato já notado por gramáticos (veja--se a nota 16) –, o que não deve ser encarado como um problema para a atividade metalinguística, tanto menos como uma razão para "abandonar" a NGB. Antes, professor e aluno são convidados, juntos, a avaliar as categorias existentes e sua adequação, quais rótulos, aos dados da língua. Nesse caso, nenhuma das classificações da NGB do constituinte italicizado é boa, e a aula de análise sintática deve justamente provocar reflexões sobre os limites classificatórios. Por mais limitadas que sejam as categorias dos gramáticos, limitadas são também, por definição, as categorias com as quais lidamos nas mais diversas – e bem elaboradas – teorias linguísticas: os estudiosos das mais diferentes teorias gramaticais costumam propor novos modelos, sempre que veem necessidade, para dar conta de dados a serem explanados, e isso costumeiramente se faz acompanhar da proposição de (novas) categorias metalinguísticas.

A observação, lembra o epistemólogo Fourez (1995), é uma "organização da visão", que serve a propósitos estabelecidos nos projetos das teorias. Se as categorias com as quais lidamos nas mais diversas teorias linguísticas são, por definição, contingenciais – afinal, estão na dependência do sucesso do paradigma onde são cunhadas –, não há por que abandonar classificações tradicionais em proveito, digamos, das categorias utilizadas em teorias gramaticais mais recentes. Concordará Cinque – em vista da citação que abriu esta seção – que podemos fazer melhor uso das categorias tradicionais combinadas com técnicas e ferramentas típicas das teorias linguísticas; nesse sentido, podemos nos valer de instrumentos metodológicos de teorias linguísticas para lidar com esses construtos da tradição

por mim oferecido no primeiro semestre de 2024 pela Escola de Extensão da Unicamp, a Extecamp, o fato mesmo de o constituinte grifado em (4) determinar uma interrogativa-QU com o pronome interrogativo "onde" – a saber, *Onde Dominique mora?"* – seria argumento contra a classificação de *em Roma* como "objeto indireto".

gramatical, no espírito da segunda acepção de "Linguística na escola" (discutida na seção 1.2). Soma-se a isso a já notada (nesta seção) "natureza ecumênica", por definição, da terminologia utilizada pelos livros recomendados pelo PNLD (Programa Nacional do Livro Didático) que normalmente recorrem à terminologia da NGB: os institutos e faculdades de Letras responsáveis pela formação dos futuros professores de língua portuguesa são caracterizados – num país onde o *pluralismo teórico em Linguística* parece ser a regra (fato já aludido, com apoio em Borges Neto (2004), no capítulo 1) –, também eles, por certo pluralismo teórico, de modo que a formação dos futuros professores passa pelas mãos, em determinado instituto, de linguistas funcionalistas, gerativistas em outros, sociolinguistas e linguistas textuais em outros muitos, e, na maioria dos cursos – a julgar pelo diagnóstico feito por Tescari Neto & Souza de Paula (2021) –, a formação passa por mãos de docentes que recorrem a abordagens tradicionais.[18] Nesse sentido, a NGB – por mais que possamos (e devamos) apontar seus limites e fragilidades – ainda é ecumênica.

[18] Na data de 11/06/2024, uma consulta ao *Google acadêmico* reportou os seguintes números (de citação) a dois dos mais importantes manuais de análise sintática considerados tradicionais:

Novas lições de análise sintática – Kury: 242;
Lições de português pela análise sintática – Bechara: 248.

A pesquisa aqui feita não tem por objetivo comparar os manuais de análise sintática tradicional com manuais de autoria de linguistas: o único objetivo é mostrar o vigor que esses manuais considerados tradicionais ainda têm mesmo em trabalhos acadêmicos. Se em publicações acadêmicas os dois manuais supracitados têm todo esse vigor, é de esperar que tais manuais também tenham vigor em ementários e programas de disciplinas de graduação em Licenciatura em Letras. Ver também Tescari Neto & Souza de Paula (2021) onde são citados ementários de cursos de graduação em Licenciatura em Letras, ementários estes que informam, na bibliografia de cursos de morfologia, morfossintaxe e sintaxe, não só bibliografia da tradição gramatical como também tópicos tradicionais entre os cobertos pelo programa.

A saída, como argumentei em Tescari Neto (2022), com apoio na citação feita logo depois do segundo parágrafo desta seção, é a utilização da terminologia tradicional, aliada a outras ferramentas (bem no espírito de Cinque, 2018), numa sorte de análise sintática essencialmente crítica: crítica inclusive dos limites das categorias assumidas na análise. Não se trata de promover um programa de ensino que encare a tradição gramatical como um "saco de pancadas" – para usar as palavras de Rajagopalan (2003, p. 56). Trata-se, antes, de promover reflexões que olhem para a tradição como um projeto humano; por se tratar de um projeto humano, já se trata, por definição, de um projeto inacabado, como inacabadas e contingenciais também são as reflexões teóricas feitas no âmbito das mais sofisticadas e recentes teorias linguísticas.

Em vista do que se expôs nesta seção, o ensino de gramática na Educação Básica pode muito se beneficiar, no trabalho com a segunda frente (da *análise linguística*), da terminologia da NGB, inclusive no sentido de questionar, no âmbito mesmo da análise, os limites das classificações lá expostas. As ferramentas dos linguistas – conforme se verá no capítulo 5 – são úteis para propiciar reflexões sobre fenômenos linguísticos. Se um dos objetivos dos PCNs e, na esteira deles, da BNCC é a formação plena de cidadãos, a análise linguística tem substancial importância: se realizada de maneira crítica como sugerido ao longo da seção, a análise linguística equipará o estudante com técnicas de argumentação (no espírito da discussão a propósito do dado em (4)). Essas técnicas – não a *tecnicália* da análise em si (com seus sujeitos, objetos e orações subordinadas) –, que tomam corpo no *modo* de conduzir a argumentação via levantamento de hipóteses, confirmação das hipóteses mediante apresentação de dados (dados estes que servirão como evidência à proposta avançada) e encaminhamento de conclusão, poderão ser transpostas pelos alunos para outras esferas da vida, e nisso reside uma das tantas contribuições da análise linguística. Para um tal exercício, são suficientes, no sentido de Cinque (2018), tanto as definições quanto as categorias da tradição gramatical; o ingrediente vital para o trabalho é a postura crítica da parte do professor (Garcia Martins, 2024), que pode se valer das boas ferramentas de análise (com as devidas adaptações didáticas) dos linguistas, no espírito da discussão levada a cabo a propósito do dado em (4) e também no espírito da proposta a ser avançada no capítulo 5.

2.3 Síntese do capítulo

Neste capítulo, com apoio em Tescari Neto & Souza de Paula (2021), foram explicadas as duas frentes maiormente trabalhadas no ensino de gramática na Educação Básica: a frente que trata de propor reflexões sobre a norma tomada como referência (primeira frente) – sobre a qual nos debruçamos na seção 2.1 – e a que cuida, tendo em vista os níveis de análise, de reflexões sobre a estrutura gramatical da língua (a segunda frente, discutida na seção 2.2).

Para entender o lugar da norma no ensino de língua portuguesa – o que está na base dos propósitos da primeira frente –, revisitamos, na seção 2.1.1, os conceitos de norma estabelecidos na tipologia de Faraco (2008). Na sequência, na seção 2.1.2, recorremos a uma explicação do dinamismo do *continuum* tipológico dos gêneros textuais, ao qual se sobrepõe o da monitoração estilística. Com base sobretudo em Tescari Neto & Bergamini-Perez (2023), explicamos que a norma tomada como referência, descrita pelos gramáticos, têm seu lugar na monitoração dos estilos, tendo em vista a sobreposição dos *continua* dos gêneros textuais e da monitoração estilística.

Obviamente que o empenho em distinguir duas frentes para o ensino de gramática não passa de uma tentativa – ainda que louvável – de reconhecer a importância tanto da reflexão sobre as normas (em vista do *continuum* dos gêneros e da monitoração estilística) quanto da reflexão sobre a estrutura da língua (também em vista do *continuum* dos gêneros). Na verdade, ambas as frentes, conforme veremos nos capítulos 4 e 5, podem ser tratadas como práticas de análise linguística, no sentido de Geraldi (1984) e Mendonça (2006), porquanto ambas envolvem atividades de reflexão não só sobre as estruturas como também sobre o papel da estrutura escolhida no gênero em que figura. A divisão bipartite do ensino de gramática em duas frentes tem, na verdade, como motivação principal o reconhecimento, como se disse, da importância de ambas as atividades não só no ensino regular como também em cursos de formação de professores de língua portuguesa. Conforme Tescari Neto & Souza de Paula (2021), poucos são os cursos de licenciatura em Letras no Brasil que dispõem de uma disciplina obrigatória de reflexões sobre as normas gramaticais (no âmbito do que aqui se tratou como primeira frente). A divisão aqui proposta, portanto, tem como corolário enfatizar quão fundamental é o estudo das normas não só no ensino regular como também na formação dos professores de língua portuguesa. Os capítulos 4 e 5 tratarão de ilustrar como tanto a primeira quanto a segunda frentes podem ser abordadas tendo em vista sobretudo a segunda acepção de "Linguística na escola", estabelecida no capítulo anterior.

2.4 Cenas do próximo capítulo

O próximo capítulo cuidará de revisitar o expediente metodológico dos julgamentos de aceitabilidade, expediente este que tem papel crucial na análise praticada pela Gramática Gerativa. Os julgamentos, conforme veremos, permitem aferir o conhecimento internalizado que um indivíduo tem sobre a gramática de sua língua. Nesse sentido, se utilizados em âmbito escolar – no espírito da proposta de "construção de gramáticas" *à la* Pires de Oliveira & Quarezemin

(2016) –, os julgamentos têm papel fundamental não só no âmbito da segunda frente (conforme formulação original dessas autoras), mas também no âmbito até mesmo da primeira frente (na esteira de Tescari Neto & Perigrino (2024)). O capítulo revisitará também três conceitos de gramática, explorados pela literatura linguística corrente, e discutirá a relevância do emprego dos julgamentos de aceitabilidade no âmbito das duas frentes do ensino de gramática discutidas neste capítulo.

3
Do lugar dos julgamentos de aceitabilidade no ensino de gramática

> Na prática atual, a linguística como disciplina é caracterizada pela atenção a certos tipos de evidência que são, de momento, facilmente acessíveis e informativos: trata-se, em grande parte, dos julgamentos de falantes nativos. Cada um desses julgamentos é, na verdade, o resultado de um experimento mal elaborado de início, mas rico nas evidências que fornece.
>
> *Noam Chomsky*

Este capítulo introduz o expediente metodológico dos julgamentos de aceitabilidade, expediente típico da *démarche* dos linguistas que trabalham com Gramática Gerativa. O que se busca ao longo das seções é refletir sobre o lugar desses julgamentos no ensino de gramática, tendo em conta as duas frentes apresentadas no capítulo anterior: o estudo da norma tomada como referência e o da análise linguística. Antes dessa discussão sobre a pertinência metodológica desse expediente nas aulas de língua portuguesa, o capítulo revisa três conceitos de gramática comumente apresentados pela literatura.

Introdução

Em teoria e análise linguística, é questão fundamental a metodologia utilizada para a coleta dos dados a serem analisados. Falar sobre *dados* – i.e., falar das unidades linguísticas selecionadas para a investigação – envolve, de imediato, questões epistemológicas acerca da natureza do objeto selecionado para a observação. A premissa saussuriana de que "o ponto de vista cria o objeto" (Saussure, 2006, p. 15), hoje considerada de maneira incontroversa um truísmo entre os linguistas, não escapa das discussões acerca do objeto selecionado pelas teorias para a análise de fenômenos linguísticos. Se, para Saussure, o ponto de vista cria o objeto, pode-se, "por tabela", inferir que o ponto de vista também em parte "cria" – ou projeta – os dados, levando em consideração um quadro teórico de referência.

Em seu manual de introdução à metodologia científica em ciências sociais, Demo (2009, p. 133) afirma de maneira categórica que

> [...] a questão da empiria coloca, antes da coleta e do uso do dado empírico, problemas teóricos, porque um dado não fala por si, mas pela boca de uma teoria. O dado não é em si evidente, mas feito evidente no quadro de referência em que é colhido.

Essa observação vale, sem sombra de dúvida, às teorias linguísticas na medida em que a seleção e a coleta de determinado tipo de dado para a *observação* estão numa dependência estrita dos pressupostos da teoria que guiará a sua seleção – e não a seleção de outros dados – para a observação, a descrição e a tentativa de explanação dos fatos à luz de um quadro teórico de referência.

Há, a esse respeito, aliás, uma interessante distinção, por Dascal & Borges Neto (2004), entre o que esses autores chamam de *objeto observacional* e *objeto teórico*. O primeiro corresponderia "[à] 'região' que a teoria privilegia como foco de sua atenção e é constituído por um conjunto de fenômenos observáveis" (p. 35), ao passo que o segundo, o teórico, corresponderia ao objeto já lapidado pelos pressupostos de uma teoria, resultado de um trabalho com o objeto observacional:

> Delimitado o objeto observacional, a teoria vai identificar *entidades básicas*, a partir das quais vai atribuir propriedades aos fenômenos pertencentes ao campo e vai estabelecer relações entre eles, transformando o objeto observacional em *objeto teórico*. (Dascal & Borges Neto, 2004, p. 36)

Os autores têm razão em propor uma tal divisão, sobretudo se considerarmos com eles que "teorias diferentes podem construir objetos teóricos distintos sobre um objeto observacional que é *supostamente* o mesmo, bastando para isso reconhecer entidades básicas, predicados e relações diferentes no objeto observacional" (p. 37 [grifo meu]). O dado em (1) é oferecido pelos autores para ilustrar essa interessantíssima conjectura a respeito da natureza do "objeto" nas investigações em Linguística:

(1)   O indivíduo A dirige-se ao indivíduo B e pronuncia as seguintes palavras: "João não viu o menino que trouxe o pacote". (Dascal & Borges Neto, 2004, p. 37)

Essa ocorrência em (1), explicam os autores, constituiria um mesmo objeto observacional para diferentes teorias linguísticas, mas objetos teóricos distintos, p.ex., para a Gramática Gerativa, para a Pragmática, para a Semântica de O. Ducrot etc., que abordariam distintamente, cada uma, essa ocorrência em vista de seus próprios interesses teóricos. Se se aceita, contudo, a premissa já referida parágrafos acima segundo a qual "o ponto de vista cria o objeto" (Saussure, 2006, p. 15), e se se aceita, com os filósofos, que *observar* "é fornecer [...] um *modelo teórico* daquilo que se vê, *utilizando as representações teóricas de que se dispunha*" (Fourez, 1995, p. 42 [grifos meus]), há que entender que mesmo o objeto observacional é já em essência definido teoricamente. O emprego do advérbio *supostamente* – por mim grifado na citação de Dascal & Borges Neto, antes do dado em (1), acima – sugere que, também para os autores, um *objeto observacional* já seja construído tendo em vista pressupostos teóricos de partida. Noutras palavras, a própria seleção dos dados em Linguística está na dependência de assunções teóricas de partida: sociolinguistas interessam-se sobretudo pelo que Chomsky (1986) chama de dados de língua-E; gerativistas tendem a preferir dados de língua-I conseguidos via julgamentos de aceitabilidade, tópico discutido neste capítulo. Nesse sentido, ambos os objetos de que tratam Dascal & Borges Neto – o observacional e o teórico – são, em essência, já teóricos num certo sentido.

No contexto da presente discussão, cumpre nos atermos a essa divisão, por Chomsky (1986), entre dados de língua-E (ou da *performance* – também traduzida por muitos como *desempenho*) e dados de língua-I (ou da *competência*). Os primeiros são epifenomenais e correspondem a produções efetivas, produções estas tornadas possíveis, na ótica gerativista, por um sistema, o da língua-I. Dados de língua-E são bastante explorados, por exemplo, em pesquisas em Sociolinguística (como antecipado no parágrafo anterior) e, no caso do Brasil, em pesquisas dos estudiosos de gramáticas funcionalistas. Já os dados de língua-I, a que se chega por meio de *elicitação* (cf. seção 3.2), são dados de introspecção referentes àquilo que a *gramática* de um *indivíduo* pode gerar ou não pode gerar – veja-se, a este respeito, a discussão da seção 3.1 sobre os conceitos de gramática. Fala-se, então, em Teoria Gerativa, de *julgamentos de aceitabilidade*, por alguns chamados de "julgamentos de gramaticalidade". O termo mais correto seria, contudo, *julgamento de aceitabilidade* (Guimarães, 2017, capítulo 2), visto que a gramaticalidade, conforme veremos na seção 3.2, é resultado de um trabalho teórico da parte do linguista que toma como base o julgamento introspectivo emitido por um informante. Esse expediente metodológico permite determinar a configuração de uma dada gramática (ou língua-I), gramática esta que nada mais é do que o estágio (ou conhecimento) atingido ao final do processo de aquisição pela criança.

Considerado por Pires de Oliveira (2010) como a grande contribuição metodológica de Noam Chomsky aos estudos linguísticos, o "método dos julgamentos de aceitabilidade" consiste – segundo o próprio Chomsky (1986) na citação que serve como epígrafe a este capítulo – num experimento através do qual é possível determinar se uma dada sequência pode ou não ser "gerada" (donde a teoria recebe seu nome, como aludido na seção 1.1) pela gramática internalizada de um indivíduo. Na ótica chomskyana, essa gramática é um conhecimento essencialmente individual, uma das opções – fixadas pela experiência – do estágio inicial da faculdade da linguagem, este sim comum à espécie humana e, portanto, invariável.

Uma vez que está no horizonte dos objetivos mais gerais do livro também a discussão de potenciais contribuições da Linguística Teórica ao ensino de gramática na escola – e dada a adesão do presente material sobretudo à teoria da Gramática Gerativa como pano de fundo a essas contribuições –, cumpre, no presente capítulo, não só apresentar a metodologia dos julgamentos de aceitabilidade como também refletir sobre seu lugar no ensino de gramática, tendo em vista as duas frentes discutidas à larga no capítulo anterior: a das normas gramaticais e a da análise linguística. Esse é, então, o objetivo principal do presente capítulo, cuja organização em seções seguirá o seguinte percurso: as duas primeiras seções, de viés mais teórico, apresentam os três conceitos de gramática comumente referidos na literatura linguística (seção 3.1) e o expediente metodológico dos julgamentos de aceitabilidade (seção 3.2); a seção 3.3, subdividida em duas outras seções, discute e ilustra o emprego desse expediente metodológico no ensino das normas gramaticais (seção 3.3.1) e no da análise linguística (seção 3.3.2). A essas seções seguem-se a síntese do capítulo (seção 3.4) e um resumo dos tópicos a serem discutidos no próximo capítulo (seção 3.5).

3.1 Dos conceitos de gramática

Nos anos 1980, a Secretaria de Estado da Educação do Governo do Estado de São Paulo, em parceria com a Fundação Padre Anchieta, promoveu um significativo programa de formação continuada de professores, batizado de "Projeto Ipê – Atualização e Aperfeiçoamento de Professores e Especialistas em Educação por Multimeios", com o objetivo de oferecer material formativo – impresso e por multimeios (TV) – que contemplasse conteúdos dos componentes curriculares do ensino no primeiro e no segundo graus (Souza, 2006). Dois dos textos já citados neste livro, Ilari & Possenti (1985) e Franchi (1991), foram produzidos no âmbito do referido projeto, que teve expressiva importância na formação continuada de professores da Educação Básica.

O texto de Ilari & Possenti, especificamente, partia da apresentação de alguns conceitos-chave da Linguística Geral para, com base numa reflexão construída a propósito deles, sugerir alguns caminhos que pudessem auxiliar metodologicamente o professor de língua portuguesa em questões relacionadas ao ensino de gramática, leitura e produção textual. O percurso dos autores foi inicialmente apresentar três conceitos de gramática para, na sequência, discutir uma definição de *língua*, *regra* e *erro* para cada um desses três conceitos. Algumas questões centrais da Linguística Educacional – como o lugar da variação linguística no ensino de língua portuguesa, tendo em vista o papel do professor de propiciar o acesso dos alunos à norma-padrão – já eram ali tratadas em consonância com o objetivo primeiro do projeto: o de oferecer subsídios que pudessem auxiliar o professor em suas tarefas.

Vou-me valer aqui desse texto como ponto de partida para a apresentação dos três conceitos de gramática que interessam aos propósitos do livro, levando em conta não só os sentidos de "Linguística na escola" – em especial, a segunda acepção (cf. seção

1.2), mas também a primeira (seção 1.1) –, como também o lugar de cada um desses conceitos no ensino da norma tomada como referência e na análise linguística, primeira e segunda frentes tratadas no capítulo anterior.

Em sentido geral, *gramática* seria, conforme Ilari & Possenti (1985), "conjunto de regras", e haveria então, como dito, ao menos três modos de compreender e abordar esse conjunto de regras, donde derivariam três conceitos de gramática, ao menos: (1) regras a serem seguidas, (2) regras que são seguidas e (3) regras que o usuário de língua efetivamente domina.

O primeiro dos conceitos de gramática – o de regras a serem seguidas – é o que comumente encontramos na Gramática Tradicional (ou Gramática Normativa) que concebe gramática como sendo, *grosso modo*, o conjunto de regras "do bem falar e do bem escrever". Essa é a definição que vemos, p.ex., em gramáticas como a de Rocha Lima (2011) e Bechara (2009):

> É uma disciplina, didática por excelência, que tem por finalidade codificar o "uso idiomático", dele induzindo, por classificação e sistematização, as normas que, em determinada época, representam o ideal da expressão correta. (Rocha Lima, 2011, p. 38)

> Cabe à *gramática normativa*, que não é uma disciplina com finalidade científica e sim pedagógica, elencar os fatos recomendados como modelares da exemplaridade idiomática para serem utilizados em circunstâncias especiais do convívio social.
>
> A gramática normativa recomenda como se deve falar e escrever segundo o uso e a autoridade dos escritores corretos e dos gramáticos e dicionaristas esclarecidos. (Bechara, 2009, s.p.)

Ambos os gramáticos entendem que a "Gramática Normativa" tenha finalidade didático-pedagógica: "recomendar" os usos que representam, "em determinada época", as normas a serem seguidas. Bechara (2009) reconhece, contudo, que o *sistema* – entendido no âmbito da teoria de Coşeriu –, diferentemente da *norma*, é "mais amplo", já por "propicia[r] também possibilidades inéditas, não realizadas na norma da língua" (Bechara, 2009, s.p.).

Esse é o conceito de gramática sem dúvida mais presente no senso comum. Um calouro de licenciatura em Letras, se perguntado num dos eventos da "calourada" (daqueles que acontecem normalmente na primeira semana do calendário escolar dos ingressantes na universidade) sobre o que seria gramática, certamente oferecerá essa definição, já bastante consolidada na sociedade. Mas há outras duas acepções igualmente importantes do termo, já antecipadas antes da discussão dessa primeira acepção: (2) regras que são seguidas e (3) regras que o usuário de língua efetivamente domina. Tratemos primeiro da segunda acepção.

Iniciamos a seção anterior com uma discussão sobre a natureza do *dado* na pesquisa em Linguística. Conforme lá mencionamos, ao *observar* fenômenos de linguagem, o linguista faz uma *descrição* do fenômeno (ou fenômenos) que a ele interessa(m) levando em consideração um quadro teórico de referência. Especificamente, o linguista que trabalha com *fatos gramaticais* fará uma descrição, então, de tais fatos partindo essencialmente de uma teoria que não guiará somente a observação, mas também a seleção dos dados a serem descritos. Nisso se situa o segundo conceito de gramática: "conjunto de regras que são seguidas" (Ilari & Possenti, 1985, p. 4). Assim, os linguistas envolvidos no grande projeto "Gramática do português falado" (cf. capítulo 1, nota 6), que se valeram de dados do projeto Nurc – referido na mesma nota –, *descreveram* o funcionamento da gramática do português brasileiro comum/standard/culto – considerando-se os mais variados níveis de análise linguística (fonológico, morfológico, sintático etc.). Fizeram, então, "gramática descritiva". Esse conceito de "gramática descritiva" é inclusive o que oferece o ChatGPT, conforme a reprodução, na Figura 3.1, de uma consulta por mim feita:[1]

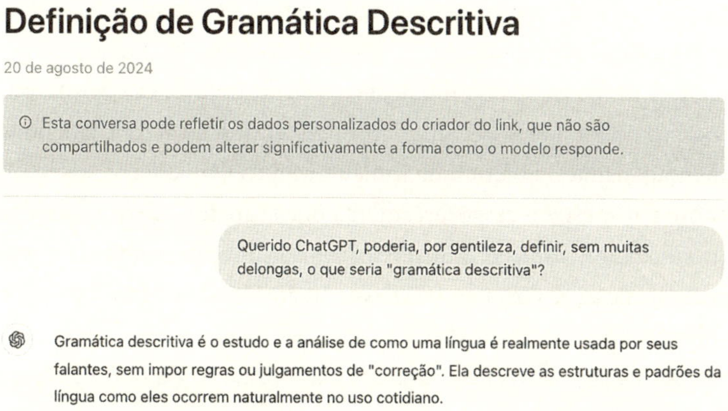

Definição de Gramática Descritiva

20 de agosto de 2024

ⓘ Esta conversa pode refletir os dados personalizados do criador do link, que não são compartilhados e podem alterar significativamente a forma como o modelo responde.

Querido ChatGPT, poderia, por gentileza, definir, sem muitas delongas, o que seria "gramática descritiva"?

Gramática descritiva é o estudo e a análise de como uma língua é realmente usada por seus falantes, sem impor regras ou julgamentos de "correção". Ela descreve as estruturas e padrões da língua como eles ocorrem naturalmente no uso cotidiano.

Figura 3.1 – Da definição de "gramática descritiva" pelo ChatGPT.

A definição pelo ChatGPT distingue a gramática descritiva da normativa, tendo em conta um aspecto, sobretudo: a primeira não impõe regras ou julgamentos de correção, cuidando tão somente de *descrever* – donde deriva seu nome – os padrões estruturais observáveis (na fonologia, na morfologia, na sintaxe etc.). Embora essa distinção seja justa, ela não é de todo completa: é importante lembrar – com Ilari & Possenti (1985), Duarte & Serra (2015), Tescari Neto & Souza de Paula (2021), Tescari Neto & Bergamini-Perez (2023), Tescari Neto & Perigrino (2024), entre outros – que também a Gramática Normativa *descreve* as estruturas, mas descreve as estruturas da norma tomada como referência e com o propósito de prescrever – nas palavras de Bechara (2009), na citação acima transcrita – "os fatos recomendados

---

[1] Disponível em <https://chatgpt.com/share/c4be2108-c1aa-4948-abec-0db7ca497a8a>. Acesso em 20/4/2024.

como modelares da exemplaridade idiomática para serem utilizados em circunstâncias especiais do convívio social".

Já que se recorreu à definição do conceito de "gramática descritiva" pelo ChatGPT – naturalmente também para verificar *criticamente* a validade da resposta por ele gerada –, convém tecer um comentário sobre a utilização dessa inteligência artificial na Educação Básica e mesmo no Ensino Superior. A consulta feita ao ChatGPT tem, antes de mais nada, o objetivo de fomentar e problematizar a discussão sobre o uso *crítico* dessa ferramenta que se tornou um instrumento de consulta à disposição de nossos alunos. Propiciar uma discussão sobre a utilização responsável dessa inteligência artificial – i.e., sobre o uso crítico das respostas geradas, que deverão ser avaliadas em termos de sua acurácia – deve estar no horizonte da reflexão crítica propiciada em sala de aula. E a aula de língua portuguesa é o palco ideal para uma tal reflexão. O uso, então, dessa inteligência artificial no contexto do ensino não significa – ou não deve significar – jamais uma validação *a priori* dos conteúdos gerados por ela; não raro, a inteligência artificial oferece respostas equivocadas e tende a omitir fontes. No parágrafo anterior, ao comentar a definição dada pela inteligência artificial, avaliamos sua plausibilidade: a distinção entre gramática descritiva e gramática normativa parece correta; contudo, há uma limitação na resposta dada: a gramática normativa também descreve dados, porém com propósitos normativos.

Passemos, por fim, ao terceiro conceito de gramática, a saber, "conjunto de regras que o falante domina". Esse é o conceito de gramática que vemos nas formulações da Gramática Gerativa e que foi referido, nos dois capítulos anteriores, como *língua-I*. Seguindo uma tradição filosófica que remonta ao menos a Roger Bacon (século XIII), Chomsky (1986) entende que haveria uma gramática universal – um estado inicial do que ele chama de "faculdade da linguagem", dotação biológica específica aos humanos – que permitiria, ao indivíduo, uma vez inserido em um meio social, com pessoas que

GRAMÁTICA E FORMAÇÃO DE PROFESSORES DE LÍNGUA PORTUGUESA | 101

fazem uso de uma língua, adquirir a linguagem. Partimos de um estado inicial comum e invariável na espécie, que contempla os princípios universalmente válidos para a determinação de gramáticas possíveis. A experiência, pela criança, teria papel fundamental, uma vez que, com base nos dados à sua disposição no meio, ela "fixaria" as possibilidades universais, gerando, ao final do processo de aquisição – por volta mais ou menos dos cinco aos sete anos –, um conhecimento sobre o sistema gramatical que é seu (i.e., *individual*), uma vez que as experiências por que passa cada criança não são as mesmas. Esse é o sentido, então, de "gramática internalizada" (ou língua-I, em que I está para individual e internalizado): trata-se do conhecimento que o indivíduo tem a respeito da estrutura de sua própria língua.

Retomando, a título de explicação, a descrição feita na seção 2.1.2 a propósito das estratégias de relativização (ou formação de estruturas subordinadas adjetivas), o português contaria com três dessas estratégias: a relativa-padrão, a cortadora e a copiadora. Há brasileiros cuja língua-I ou gramática internalizada contaria com a estratégia cortadora como estrutura para a formação de relativas; a gramática internalizada de outros – usuários de variedades não padrão, a julgar por Tarallo (1983) – contemplaria a estratégia copiadora. Quanto à estratégia-padrão, deixemos o assunto para a seção 4.1. Para aferir, contudo, o conhecimento internalizado e individual do usuário de uma língua – e saber, p.ex., se a estratégia cortadora ou a copiadora (ou ambas) faz(em) parte do conhecimento individual de um falante –, os gerativistas recorrem a julgamentos de aceitabilidade, por muitos chamados de "julgamentos de gramaticalidade", expedientes metodológicos antecipados na seção anterior e sobre os quais tratamos com vagar na próxima seção.

Antes, porém, de nos debruçarmos sobre esses expedientes, uma última observação faz-se necessária: cuidamos de apresentar aqui três acepções de gramática. A literatura conta, no entanto, com outras definições (vejam-se, p.ex., Travaglia, 2002; Duarte & Serra, 2015). A escolha, porém, pela apresentação aqui tão somente dos três conceitos aludidos em Ilari & Possenti (1985) e discutidos ao longo da seção se justifica por questões sobretudo metodológicas, que ficarão claras nos capítulos 4 e 5: os três conceitos devem fazer parte da didática da língua materna, seja no âmbito da primeira, seja no âmbito da segunda frente do ensino de gramática. Assim, uma *descrição* do *conhecimento internalizado* do aluno tem o potencial de possibilitar o acesso à *norma-padrão tomada como referência* – por expedientes de comparação entre os sistemas –, o que acabaria por mobilizar, conforme veremos no capítulo 4, os três conceitos aqui discutidos. Também no âmbito da análise linguística, assunto para o capítulo 5, a mobilização dos três conceitos é igualmente fundamental, seja para fazer análise linguística do sistema do aluno, seja para fazer análise linguística do sistema da norma, valendo, para isso, uma *démarche* que guardará semelhança com a que se proporá ao longo do capítulo 4.

3.2 Dos julgamentos de aceitabilidade

Conforme vimos nas duas seções anteriores, os julgamentos de aceitabilidade – por alguns chamados de "julgamentos de gramaticalidade" ou simplesmente "julgamentos introspectivos" – são expedientes metodológicos que permitem um acesso ao conhecimento internalizado que o usuário de língua natural tem sobre a gramática que adquiriu quando criança, i.e., sobre sua língua-I (ou língua internalizada) (Chomsky, 1986; Pires de Oliveira, 2010; Pires de Oliveira & Quarezemin, 2016; Tescari Neto & Pereira, 2021; Tescari Neto & Bergamini-Perez, 2023). Num certo sentido, no âmbito das investigações dos linguistas, tais julgamentos permitem que o estudioso depreenda não só as estruturas que a gramática sob investigação pode gerar – ocorrências gramaticais –, como também as que não podem ser geradas, as ocorrências agramaticais.

GRAMÁTICA E FORMAÇÃO DE PROFESSORES DE LÍNGUA PORTUGUESA | 103

A título de exemplificação, consideremos as ocorrências em ((2)--(8)) a seguir, extraídas de Tescari Neto & Pereira (2021, pp. 4-5):

(2) Ettore brincou com Gigi.

(3) Com Gigi, Ettore brincou.

(4) *Brincou com Gigi Ettore.

(5) *Ettore brincou Gigi com.

(6) *Ettore Gigi com brincou.

(7) Ettore e Gigi foram ao cinema.

(8) Ettore e Gigi foi no cinema.

A propósito das ocorrências em ((2)-(6)), haveria, em rigor, 4! (i.e., 4x3x2x1 = 24) possibilidades lógicas de combinação entre as unidades "Ettore", "brincou", "com" e "Gigi" (Tescari Neto & Pereira, 2021). No entanto, algumas dessas combinações, como as que aparecem em (4), (5) e (6), não são "geráveis" por gramáticas do PB: não são ordens nessa língua; trata-se, portanto, de ocorrências malformadas ou *agramaticais* (por isso o uso do asterisco diante delas), em que (a) gramaticalidade nada tem a ver com (o que quer que seja) "correção" – no sentido da Gramática Normativa.[2] Trata-se tão somente da boa formação *estrutural* de uma ocorrência, que, em determinada gramática, pode ser "gerada".[3] As ocorrências em (2) e (3) são bem

---

[2] Terá ficado claro, das discussões avançadas no capítulo anterior, sobretudo as feitas nas seções 2.1.2 e 2.1.3, que a perspectiva do *continuum* dos gêneros textuais garantiria um lugar à norma que serve como referência: o de atuar na monitoração do estilo em gêneros mais formais (cf. Tescari Neto & Bergamini-Perez, 2023). Por essa perspectiva, o conceito de "correção" gramatical deveria dar lugar ao de adequação: determinada estrutura seria mais ou menos adequada a certo gênero de texto. Ver também Duarte & Serra (2015).

[3] Fora de contexto, a ocorrência em (4), proferida com entoação plana, não é possível. Sua ordem não é uma ordem natural em PB. Trata-se então de uma ocorrência agramatical, sendo possível tão somente – para mim, na

formadas ou gramaticais. Novamente, esse julgamento nada tem a ver com prescrição gramatical; (2) e (3) são, em certo sentido, "geráveis" pela gramática internalizada dos brasileiros.[4] Aqui, a boa formação de uma ocorrência nada tem a ver com possibilidade de atribuir, a ela, um significado; antes, a boa formação se dá no plano da estrutura.

(7), por seu turno, é bem formada pelo menos nalguma gramática do PB, i.e., na gramática de brasileiros em cujo *input* houve emergência de dados em que foi estabelecida a concordância do verbo, em número e pessoa, com o sujeito. (8) é gramatical para muitos brasileiros, sobretudo para aqueles em cuja gramática a morfologia do verbo não realiza morfofonologicamente os mesmos traços de concordância do sujeito. Deve-se, portanto, discriminar os conceitos de gramaticalidade e de correção; na verdade, conforme argumentado na seção 2.1 do capítulo anterior – veja-se também a nota 2 do presente capítulo –, este último conceito, o de correção, tem reduzidíssimo valor num ensino que assume uma perspectiva de *continuum* tipológico dos gêneros textuais.

verdade, tão somente marginalmente – se *com Gigi* for focalizado, i.e., se corresponder à informação não pressuposta dessa frase; nesse caso, *com Gigi* seria prosodicamente marcado de maneira distinta da do resto dos outros constituintes frásicos. Não se entrará aqui nos pormenores relativos à "derivação" (*grosso modo*, ao "modo" como a ocorrência é formada em nossa gramática internalizada) de uma tal ocorrência, no sentido da Gramática Gerativa, para o que se sugere a leitura do capítulo 5 de Tescari Neto (2021).

[4] A língua-I (ou gramática internalizada) é, conforme vimos na seção anterior, um construto *individual* para Chomsky: embora partamos todos de um estado inicial comum da Faculdade de Linguagem – estado este referido como "Gramática Universal", como visto –, os dados da experiência a que somos expostos quando crianças não são sempre os mesmos (porque a experiência é também individual). Disso decorre que o conhecimento atingido como estado final – a língua-I – é um construto *individual*. Ao falar aqui em "a gramática internalizada dos brasileiros", faz-se então uma abstração. Também Chomsky (1986) faz essa mesma abstração ao falar de uma gramática do inglês, do chinês, do italiano etc.

O expediente discutido com base nos dados ((2)-(8)) – o dos julgamentos de aceitabilidade – é considerado, conforme já pontuado, a grande contribuição de Noam Chomsky à Linguística Teórica, conforme se vê na citação a seguir:

> O método negativo permite entender restrições impostas pela Gramática Universal (GU) e, ao mesmo tempo, quais são as possibilidades licenciadas por essa gramática, a variação entre as línguas. O que nos dá a chave para chegarmos ao sistema de regras de uma língua é o conhecimento explicitado pelo falante quando ele afirma que uma dada sequência não é gerada por sua língua. A introspecção da língua de um indivíduo nos permite, por hipótese, entender a gramática daquele indivíduo. A gramática daquele indivíduo é, portanto, uma possibilidade de gramática. Para chegarmos à GU precisamos investigar várias gramáticas e compará-las. Assim, o método do julgamento negativo permite entender a linguagem humana empiricamente sem precisarmos lançar mão do conceito de língua social. (Pires de Oliveira, 2010, pp. 14-15)

Em teoria e análise linguística, tal método tem permitido chegar, com considerável sucesso, a um desenho das propriedades de sistemas gramaticais específicos: a gramática do inglês, a do coreano, a do chinês, a do PB, a do português angolano etc. Para além desse importante feito, a comparação entre os estados finais atingidos (ou línguas-Is) tem permitido chegar, no âmbito da Teoria Gerativa, por hipótese, a um "desenho" do que seria o estado inicial (a Gramática Universal) que daria lugar aos distintos sistemas ou gramáticas atingidos(as), conforme a citação de Pires de Oliveira acima. Não há, então, por que não considerar esse mesmo expediente empregado em teoria e análise – o dos julgamentos de aceitabilidade, mas *com as necessárias adaptações didáticas* (ou "reduções didáticas", no sentido de Barbosa (2020)) – no contexto do ensino de gramática na Educação Básica. E é sobre o lugar desse expediente nas duas frentes do ensino de gramática (quais apresentadas no capítulo anterior) que se ocuparão as duas próximas seções.

Antes, porém, cabe uma importante observação sobre a diferença entre "gramaticalidade" e "aceitabilidade", diferença esta que deve ser considerada caso se pretenda recorrer à intuição dos estudantes enquanto instrumento de análise – como aqui se proporá nos próximos dois capítulos. Já em *Syntactic Structures,* Chomsky (1957) apresenta a ocorrência em (9), a seguir, para, a partir dela, afastar a ideia equivocada de que "ser gramatical" se confunda com "fazer (ou produzir) algum sentido".

> (9) *Colorless green ideas sleep furiously.*
> Incolores verdes ideias dormem furiosamente
> 'Incolores ideias verdes dormem furiosamente.'
>
> (Chomsky, 1957, p. 17)

Quer a ocorrência original em inglês, quer a sua tradução (entre aspas simples) para o português – cf. (9), ambas bastante *nonsense* –, embora não produzam ou façam sentido, são *gramaticais*, já por obedecerem às regras do inglês e do português. De fato, um brasileiro não teria dificuldades para, a partir da tradução oferecida para (9), criar (9') – em que o verbo *dorme* concorda, no singular, com o núcleo do sujeito, *ideia* – e (9") – em que o verbo é flexionado no pretérito perfeito do indicativo –, o que atesta, mais uma vez, que fazer sentido ou ser pragmaticamente feliz não se confunde com ser gramatical.

(9') A incolor ideia verde dorme furiosamente.
(9") Incolores ideias verdes dormiram furiosamente.

Isso posto, embora falantes de inglês tendam a não aceitar (9) e falantes de português tendam a rejeitar a tradução dada entre aspas simples em (9) (e as ocorrências em (9') e (9")), considerando-as em certa medida "inaceitáveis", tais ocorrências são ainda gramaticais, apesar de não aceitáveis pragmática ou discursivamente.

Gramaticalidade não se confunde também com (o que quer que seja) "correção" – no sentido da Gramática Normativa, fato já observado no início da presente seção. Assim, pensando agora novamente nas estratégias de relativização já mencionadas acima na seção 3.1 – que retomou a discussão feita na seção 2.1.2 do capítulo anterior –, embora, por pressões normativas, um voluntário em uma pesquisa linguística possa rejeitar uma ocorrência como a sentença em (1c), apresentada na seção 2.1.2 e reproduzida a seguir como (10), essa ocorrência pode ser de fato *gramatical* em sua gramática internalizada, e cumprirá, ao linguista interessado na coleta do referido dado em (10), dizer se a ocorrência, inaceitável – possivelmente por pressões normativas – ao voluntário da pesquisa, é de fato agramatical ou não.[5] Em âmbito escolar, cumprirá ao professor interessado nessa *démarche* treinar os alunos para diferenciar esses dois contextos, o que, conforme veremos nas próximas seções, não é uma tarefa difícil, haja vista o sucesso testemunhado pelos professores de disciplinas de introdução à Linguística em cursos de graduação.[6]

(10) Este é o livro que o professor precisa dele.

---

[5] Pode também ser o caso de a sentença em (10) ser de fato *agramatical* para o voluntário da pesquisa. Alguns alunos da disciplina HL-071 A ("Estágio supervisionado"), que ofereci no segundo semestre de 2023 no IEL/Unicamp, consideraram de fato agramatical essa sentença, e isso não tinha a ver com nenhuma pressão normativa. Outros alunos consideraram a estrutura em (10) inclusive produtiva. Trata-se, é óbvio, de diferentes gramáticas ou línguas-Is.

[6] Desde 2016 ofereço disciplinas introdutórias à Linguística no bacharelado em Linguística na Unicamp. Uma aula basta aos estudantes – recém-egressos do Ensino Médio – para compreenderem o conceito de *gramatical*, distinguindo inclusive gramaticalidade de aceitabilidade.

Por fim, para deixar clara a diferença entre *gramaticalidade* e *aceitabilidade*, convém reproduzir as ocorrências em (11) e (12), de Mioto *et al.* (2013, p. 18s.), e os argumentos oferecidos por eles para a distinção entre esses dois conceitos.

(11) a. A Maria conhece a moça *que leu o livro*.

     b. A Maria conhece a moça *que leu o livro* **que o Pedro indicou para o prêmio**.

     c. A Maria conhece a moça *que leu o livro* **que o Pedro indicou para o prêmio** que a Ana pretende disputar.

(12) a. A menina [*que o homem conhece*] é a Maria.

     b. ??A menina [*que o homem* [**que o médico examinou**] *conhece*] é a Maria.

     c. *A menina [*que o homem* [**que o médico** [que deu plantão] **examinou**] *conhece*] é a Maria.

Os dados em (11) envolvem a relativização de um nome (substantivo) por uma oração subordinada. Noutras palavras, o que se tem é a modificação de um substantivo, nomeadamente *moça*, por uma oração subordinada adjetiva (também chamada, como vimos, de "relativa"), a saber, toda a sequência que, na superfície, figura à direita de *moça*. Segundo Mioto *et al.*, os falantes de PB não consideram as ocorrências em (11b, c) malformadas ou agramaticais, apesar de essas sentenças envolverem encaixes sucessivos dentro da relativa: repare que, ao passo que em (11a) há apenas um nível de subordinação – com a oração *que leu um livro* modificando o nome substantivo *moça* –, em (11b) há dois níveis de encaixe: para além da subordinação ao substantivo *moça* pela oração *que leu um livro*, temos também a subordinação dessa vez a *livro* por *que o Pedro indicou para o prêmio*; já em (11c), para além dos dois encaixes que temos em (11a, b) já descritos, a oração relativa *que a Ana pretende disputar* se subordina a *prêmio*. A relativização acerta os nomes que ocupam a posição final (*moça*, *livro* e *prêmio*), sendo, esses nomes relativizados, o sujeito da oração relativa.

Passemos agora aos dados em (12). Enquanto a relativização do objeto da subordinada em (12a), a saber, a relativização de *(a) menina*, não produz nenhuma malformação, as relativizações em (12b, c) produzem, por sua vez, ocorrências significativamente ruins, sendo (12b) "bastante degradada" e (12c) de fato inaceitável, mesmo que tanto (11c) quanto (12c) contem com a mesma regra de formação. A conclusão a que chegam Mioto *et al.*, a propósito, então, das diferenças entre *gramaticalidade* e *aceitabilidade* – tendo em conta o exame de (11) e (12) – é a seguinte:

> [...] [o] falante pode dizer se uma frase é aceitável ou inaceitável na sua língua materna, mas cabe ao linguista dizer se, no caso de uma sentença inaceitável para o falante, estamos diante de uma sentença realmente agramatical ou se a razão para a inaceitabilidade deve ser computada a outros fatores (como aqueles relativos à *performance*). (Mioto *et al.*, 2013, p. 19)

Há, pois, que considerar, em vista da discussão feita ao cabo desta seção, a diferença entre *gramaticalidade* e *aceitabilidade*. De modo algum, contudo, isso deve desanimar o professor interessado em recorrer à introspecção de seus alunos. E a literatura em Linguística Educacional de base gerativista está aí a testemunhar em favor da plausibilidade da introspecção em ambiente escolar. Conforme se verá na seção 3.3.2 e nos dois capítulos seguintes, o professor de fato pode, no sentido de Pires de Oliveira & Quarezemin (2016), "construir gramáticas" em conjunto com os alunos, valendo-se para isso da introspecção dos próprios estudantes – aferida por meio dos julgamentos de aceitabilidade – e com a sua mediação: o professor, a exemplo do linguista, tomará a decisão sobre o estatuto da ocorrência em questão (i.e., se gramatical ou agramatical) na gramática do aluno. Os próprios alunos, se bem treinados, se aperceberão eles mesmos da gramaticalidade das ocorrências, podendo, eles mesmos, em casos não muito complexos, decidir se a (in)aceitabilidade de uma dada ocorrência significa, no plano teórico, agramaticalidade ou gramaticalidade. Aliás, Pires de Oliveira & Quarezemin (2016, p. 85) chegam mesmo a encorajar os professores a "dar voz" aos alunos, explorando o conhecimento que têm a respeito da própria gramática que aprenderam antes mesmo de ir à escola. Mas deixemos esses detalhes para as duas próximas seções e para os próximos dois capítulos.

3.3 Da teoria à sala de aula: os julgamentos de aceitabilidade em aulas de língua portuguesa

Tem sido cada vez mais crescente a sugestão, por gerativistas brasileiros interessados nas contribuições da Linguística ao ensino de língua portuguesa na Educação Básica, da utilização da introspecção como metodologia de análise no espaço da sala de aula – cf., entre tantos outros, Kato (1986, 2005); Pires de Oliveira & Quarezemin (2016); Tescari Neto (2017, 2018, 2022); Tescari Neto & Pereira (2021); Tescari Neto & Souza de Paula (2021); Tescari Neto & Bergamini-Perez (2023); Tescari Neto & Perigrino (2024); Pilati, 2017; Foltran; Carreira & Knöpfle (2017); Teles & Lopes (2019); Foltran; Rodrigues & Lunguinho (2020); Girardi (2020); Medeiros Junior (2020); Perigrino (2020a, 2020b); Pereira (2021); Hochsprung & Quarezemin (2021), Minussi (2021); Hochsprung (2022); De Conto; Sanchez-Mendes & Rigatti (2022), e a lista se multiplica. Pires de Oliveira (2016) e Pires de Oliveira & Quarezemin (2016) chegam mesmo a dizer – e com toda a razão – que é possível transformar a aula de língua portuguesa num "laboratório a céu aberto", o que faz todo o sentido, haja vista o fato de reconhecidamente, como vimos na epígrafe do capítulo, "[c]ada julgamento [ser], de fato, o resultado de um experimento, mal planejado, mas rico no que diz respeito às evidências que fornece" (Chomsky 1986, p. 36). A Linguística Educacional brasileira tem, portanto, cada vez mais se apercebido da importância desse recurso metodológico, entendendo que ele pode ser muito útil na aula de língua portuguesa.

Mas como utilizar a introspecção via julgamentos em aulas de língua portuguesa? Em que momento da aula de português esse expediente pode ser utilizado e com qual fim? Como os julgamentos podem ser úteis, enquanto ferramentas metodológicas, no estudo das duas frentes do ensino de gramática discutidas no capítulo anterior? A última dessas questões será respondida nas duas subseções que se seguem; mais especificamente, na subseção 3.2.1, tratamos de discutir o emprego dos julgamentos no estudo da norma gramatical – por mais paradoxal que isso possa parecer à primeira vista –, e, na subseção 3.2.2, tratamos de discutir o emprego desse expediente na segunda frente, a da análise linguística. As duas primeiras questões servem à formulação das duas seções seguintes e sobretudo à elaboração dos capítulos 4 e 5. Como tal, serão abordadas ao longo dos próximos dois capítulos.

3.3.1 Do emprego de julgamentos de aceitabilidade no âmbito da primeira frente, a das normas gramaticais

Pode, à primeira vista – e sob um olhar ingênuo –, parecer impossível abordar a primeira das duas frentes recorrendo ao conhecimento internalizado dos alunos, via julgamentos introspectivos. Conforme argumentamos em Tescari Neto & Souza de Paula (2021), em Tescari Neto (2022) e em Tescari Neto & Bergamini-Perez (2023), os julgamentos são úteis inclusive no contexto de aulas sobre a norma-padrão (no ensino regular). Não se trata de elicitar julgamentos acerca das ocorrências registradas na norma gramatical ou até mesmo em ocorrências registradas em gêneros formais caracterizados por alto grau de monitoração estilística. Antes, sugere-se que sejam estabelecidas comparações entre ocorrências da norma e suas correspondentes na gramática internalizada do aluno, de modo que os julgamentos se dão sobre ocorrências desta última, muito no espírito do que Tescari Neto & Perigrino (2024) sugerem como estratégia metodológica para o ensino (e a compreensão) da norma-padrão.

De maneira muito acertada, a Base Nacional Comum Curricular (Brasil, 2017, 2018) recomenda que sejam estabelecidas comparações – como vimos nas seções 1.1 e 1.2 – entre fatos da norma-padrão e seus correspondentes em variedades não padrão do português. Sugere a BNCC que isso seja, por exemplo, feito no âmbito da sintaxe de regência: "[c]omparar o uso de regência verbal e regência nominal na norma-padrão com seu uso no português brasileiro coloquial oral" (EF09LP07). Por que não fazê-lo partindo do conhecimento internalizado do próprio aluno?! Por que não fazê-lo por meio do que Pires de Oliveira & Quarezemin acertadamente chamam de "construção de gramáticas" – processo pelo qual o professor guia os alunos pela tarefa de coleta de dados introspectivos (i.e., deles próprios), inclusive por meio de julgamentos de aceitabilidade?

Na seção 4.1 serão dados exemplos de como ensinar – a partir de estruturas de variedades não padrão – a regência, na norma tomada como referência, em contextos de orações subordinadas adjetivas (ou relativas). Vamos mostrar que é possível chegar a um conhecimento das regras da norma por meio de manipulações da estrutura de variedades não padrão que empregam a relativa copiadora e de variedades comum/standard que empregam a relativa cortadora. Para esse fim, constroem-se gramáticas de variedades do PB (de variedades do PB comum/standard – que recorrem à relativa cortadora – e de variedades não padrão do PB – que recorrem à relativa copiadora) para, por comparação, compreender a estrutura na norma tomada como referência. Os julgamentos devem se dar, como pontuado, não sobre ocorrências da norma, mas sobre ocorrências dessas duas variedades.

Embora o próximo capítulo ofereça exemplos práticos da utilização dos julgamentos introspectivos no âmbito do ensino da norma que serve como referência, convém antecipar aqui um caso ilustrativo. Isso é feito na sequência – com apoio em Tescari Neto & Perigrino (2024, capítulo 6) – para o emprego, na escrita formal, do acento grave indicador de crase, um fato da regência bastante explorado nos livros didáticos do PNLD, p.ex.

Se abrirmos um dicionário de regência verbal ou nominal ou mesmo uma gramática de referência, veremos que a norma gramatical registra o uso da preposição *a* em diversos contextos, como no do exemplo (13), a seguir, em que temos um verbo de movimento.[7]

(13) Vou *à* mercearia.

Para motivar o emprego do acento grave indicador de crase em (13), Tescari Neto & Perigrino (2024) sugerem que se compare o funcionamento da regência na gramática internalizada do aluno com o funcionamento da estrutura correspondente na norma tomada como referência. Para tanto, é necessário descrever os dois sistemas, sobretudo o sistema do português dos alunos. O julgamento

---

[7] Vale, a esse respeito, a descrição de Pagotto (2013, p. 43ss.) sobre as normas das constituições do Império (1821) e da República (1894): ao passo que a do Império recorria a preposições que ordinariamente encontramos na norma comum/standard/culta do PB contemporâneo, a da República resgatava – ou tomava de empréstimo da norma lusitana observada nos escritores românticos – o emprego da preposição *a:* "Se lembramos que as pesquisas indicam uma diminuição do emprego da preposição *a* no português brasileiro, é possível ver a passagem de uma norma para outra como uma espécie de implementação desta preposição, num movimento contrário ao da língua" (Pagotto, 2013, p. 44).

dar-se-á não sobre a ocorrência da norma tomada como referência (de que (13) é um exemplo), mas sobre a ocorrência correspondente na gramática do próprio aluno, i.e., sobre uma "variante" de (13). É preciso, então, "construir gramáticas" (Pires de Oliveira & Quarezemin, 2016), no sentido de *descrever* o funcionamento, nas variedades disponíveis em sala de aula, da variante correspondente a (13).

Para o caso em (13), a gramática que os brasileiros aprendemos em casa tem, no *input,* os correspondentes em (14a, b), a seguir.

(14) a. Vou *na* mercearia.
      b. Vou *para a* mercearia.

Claramente, o português popular usa a preposição *em* ou *para* e um artigo *a* – o que pode inclusive ficar ainda mais claro se se substitui o complemento do verbo por uma palavra masculina (o que faz aflorar um artigo definido (14b')).

(14) b'. *Vou no (= em + o)/pro (= para + o) armazém.*

Sendo assim, as preposições *em/para* estão, no PB popular, para a preposição *a* da norma, assim como o artigo *a* no PB popular está para o mesmo artigo na norma.

Esse mesmo expediente pode ser estendido (cf. Tescari Neto & Bergamini-Perez, 2023; Tescari & Perigrino, 2024) inclusive àqueles casos que, segundo Rocha Lima (2011), cristalizaram-se ao longo da história; trata-se de expressões (sobretudo na escrita) como: *cortar à navalha*. Essa expressão equivale, no PB comum, a *cortar com a navalha*: a comparação com o PB dos estudantes (onde se enxergam a preposição *com* e o artigo *a*) permite depreender, por comparação, repitamo-lo aqui, a preposição *a* da norma gramatical.[8] O mesmo expediente pode ser estendido a tantos outros casos, de sorte que não há motivo algum para supor que a "crase" tenha sido feita para "humilhar alguém" (para usar a célebre frase atribuída ao poeta Ferreira Gullar[9]).[10] A conclusão a que se chega – ao menos se se consideram tão somente os casos

[8] Também é possível a substituição por *na* – o que me fizeram notar, em aula, alunos do curso de licenciatura em Letras da Unicamp: *cortar na navalha; fazer a barba na navalha*. E o raciocínio será o mesmo: *na* equivale a *em* (preposição) mais *a* (artigo); portanto, haverá acento grave indicador de crase na escrita, caso se opte pelo uso da preposição *a*.

[9] Disponível em <https://www.em.com.br/app/colunistas/dad-squarisi/2022/07/10/interna_dad_squarisi,1378909/a-crase-nao-foi-feita-pra-humilhar-ninguem.shtml>. Acesso em 14/7/2024.

[10] Com base, como já se disse três notas atrás, em interessante descrição de dados da Constituição do Império e da Constituição da República, Pagotto (1998, 2013) constata que a norma-padrão brasileira não incorporou as mudanças que se faziam notar na escrita dos brasileiros, mas se apropriou, em certa medida, em vez disso, da norma europeia de referência por conta dos interesses da elite da época. Tal interessante constatação poderia ser interpretada por aqueles que se dedicam à Linguística Educacional de dois modos: (*i*) deixemos a norma de lado, buscando alternativas mais "brasileiras" à norma tomada como referência: a norma lusitanizada não reflete a língua-I do brasileiro; ou (*ii*) descrevamos a norma (padrão) – não obstante todas as críticas (históricas, inclusive) que se lhe possamos fazer – tomando como base um exame comparativo das estruturas da "norma" e da língua-I do brasileiro. Pagotto (2013) está interessado num exame de como a norma foi constituída na transição entre as duas constituições, tempo curto para que mudanças fossem implementadas, como bem observado pelo próprio autor. O fato, porém, de o autor apresentar, em perspectiva comparativa, estruturas da norma na Constituição do Império – que pareciam mais próximas do "nascente" PB (as estruturas ali descritas são bastante semelhantes, em certa medida, do PB comum/standard atual, não do da norma) – e estruturas correlatas na Constituição da República legitima um tratamento comparado das normas descritas nas gramáticas tradicionais e das estruturas correspondentes no PB contemporâneo. A questão, então, para o linguista interessado em contribuir com o ensino de gramática na escola passa a ser: por que não descrever as ocorrências do PB comum ou popular e comparar essas estruturas com as da norma dita padrão? Isso é, aliás, sugerido pela BNCC e tem importância fundamental para a Linguística Educacional: a norma-padrão é também apresentada nos livros didáticos. É papel da Linguística Educacional facilitar o acesso às regras da norma. Nada melhor do que fazê-lo

examinados de emprego do acento grave indicador de crase – é a de que alegações sobre uma suposta "artificialidade" da norma (ou mesmo sobre seu caráter "contraintuivo") seriam descabidas: é possível compreender o emprego do acento grave indicador de crase via comparação com estruturas correlatas em PB popular. Tal expediente, ao colocar lado a lado estruturas da norma-padrão e estruturas do PB popular, é suficiente para nos levar a pelo menos questionar afirmações precipitadas a respeito de uma alegada artificialidade da norma tomada como referência. Os julgamentos de aceitabilidade podem ser empregados na construção de gramáticas – no espírito de Pires de Oliveira & Quarezemin (2016) – através da coleta de dados de variedades do PB, dados estes que servirão para a comparação com os dados da norma. Podemos ilustrar isso também a partir do dado em (15), comumente visto em folhetos volantes de propaganda, em *banners* e em muros de estabelecimentos comerciais.

(15)   Entregas a domicílio

Essa ocorrência não raro é discutida por professores de gramática e blogueiros, que costumam compará-la com a ocorrência em (16):

(16)   Entregas em domicílio

Muitas vezes a discussão se limita tão somente a um viés estritamente normativista: qual forma deveria ser utilizada no volante de propaganda e no *banner* – ou mesmo ser a forma a figurar no muro do estabelecimento comercial? Costuma-se dizer que a preposição *a* é utilizada com verbos de movimento (*levar, trazer, enviar* etc.);

a partir de um exame comparativo das estruturas das língua-Is dos brasileiros e das estruturas correspondentes na norma gramatical de referência.

no caso, por não ser um verbo de movimento, *entregar* repeliria a preposição *a*. Mas o caso em (15) claramente implica movimento: o do entregador, que se deslocará do estabelecimento à residência do cliente para fazer a entrega. Deixando de lado, contudo, a questão associada a aspectos puramente normativos relacionados ao emprego da preposição *a* ou *em* no contexto de (15/16), as ocorrências em (15') ajudam a refletir sobre a dúvida que trabalhadores de gráfica, pintores de mural e donos de estabelecimentos comerciais costumam ter: caso queiram optar pelo uso da preposição *a*, como em (15), esse *a* deve ter ou não o acento grave (que indica a crase)?

(15')   a.   Entregas no domicílio
        b.   *Entregas na domicílio

O expediente dos julgamentos de aceitabilidade em (15') claramente se dá não sobre uma ocorrência da norma; antes, sobre ocorrências no PB comum. A malformação de (15'b) de cara exclui a possibilidade de (15) ser construída, na norma, com o acento grave indicador de crase. O dado em (15'a) só confirma isso: a sentença bem formada é a que se constrói com o artigo masculino. Ou entra o artigo masculino ou o feminino diante de um nome. Descarta-se, assim, o emprego do acento grave indicador de crase caso se opte, ao construir a ocorrência em (15), pelo uso da preposição a.

Outro exemplo de como expedientes de julgamentos introspectivos podem ser explorados – guardadas, claro, as precauções mencionadas ao cabo da seção 3.2, relacionadas à distinção que deve ser feita entre gramaticalidade e aceitabilidade – mesmo no âmbito do ensino da norma-padrão (e para isso manteremos o tópico do emprego do acento grave indicador de crase) é o ilustrado pela expressão *à vista* em (16): constrói-se ou não com o acento grave?

(16)   pagamento à vista

O dicionário *Infopedia*[11] informa que "à vista", locução adverbial, significa "na presença". A intuição do brasileiro é a de que "à vista" seja parafraseável como em (16'a), mas não como em (16'b):

(16')   a.   pagamento na vista/no ato.

       b.   ??pagamento em vista/em ato.

Se (16'b) é eventualmente aceita, o sentido muda completamente: não é o mesmo do de (16'a). (16'b), se na mesma acepção de (16'a), é malformada ou agramatical. Para além da preposição *em*, o artigo é também necessário. Isso significa que, se utilizada a ocorrência conforme a norma que serve como referência (cf. (16)), haverá acento grave indicador de crase. Repare, então, que os expedientes dos julgamentos têm o potencial de se revelar um método bastante útil ao professor, que pode construir gramáticas do PB popular para promover comparações entre ocorrências do PB popular e ocorrências da norma.

Outros exemplos serão explorados no próximo capítulo: quer-se, com eles, sugerir que a norma pode ser explorada por comparação com ocorrências equivalentes (variantes) da própria gramática dos alunos. Agora, antes de finalizar o capítulo, cumpre exemplificar o lugar dos julgamentos de aceitabilidade no âmbito da segunda frente do ensino de gramática.

3.3.2 *Do emprego de julgamentos de aceitabilidade no âmbito da segunda frente, a da análise linguística*

O emprego dos julgamentos de aceitabilidade também tem importância no âmbito da segunda frente: conforme sugeri em

---

[11]   Disponível em <https://www.infopedia.pt/artigos/$a-vista-ou-avista>. Acesso em 24/8/2024.

Tescari Neto (2022), pode-se recorrer a testes utilizados por linguistas, com as necessárias adaptações – ou "reduções didáticas", no espírito de Barbosa (2020) e Barbosa & Azeredo (2018) –, via *julgamentos*, na resolução das atividades sugeridas pelo livro didático ou apostila.

Nesse sentido, tendo em conta o conteúdo programático sugerido pela BNCC, a análise linguística pode se valer de testes utilizados por linguistas na diagnose, p.ex., de funções sintáticas, o que ilustro, na sequência, de maneira bem simplificada, visto que o capítulo 5 oferecerá um conjunto de exemplos.

Em aulas de funções sintáticas, a decisão pela classificação de constituintes cuja função sintática não seja de imediato clara pode ser feita recorrendo-se, via julgamento de aceitabilidade, a um teste muito explorado por várias teorias gramaticais e por tipologistas (interessados em identificar categorias gramaticais):[12] o teste da "coocorrência entre elementos supostamente pertencentes à mesma categoria" (conhecido entre gerativistas como "critério de Jackendoff" (1972)). Esse critério bane a ocorrência conjunta de dois ou mais membros de mesma classe num mesmo domínio estrutural (o da sentença, por exemplo). Transposto à realidade escolar, e no âmbito do que se convencionou chamar de "funções sintáticas", tal teste permite que se chegue à identificação da função sintática de um termo da oração sobre o qual pairam dúvidas quanto à classificação. Para tanto, basta acrescentar, à frase em que figura o termo de que se tem dúvidas quanto à classificação, um outro termo supostamente dotado de mesma função sintática. Se o resultado for agramatical, há grandes chances de o termo que se quer classificar ter a mesma função do termo inserido – isso porque outras razões independentes podem estar associadas à agramaticalidade (cf., a esse respeito, Tescari

---

[12] Sobre o conceito de categoria gramatical, cf. seção 5.2. Veja-se também Tescari Neto (2021, cap. 2).

Neto; Bergamini-Perez & Lima (2022)). Tomemos, então, a título de exemplificação, a ocorrência em (17), a seguir.

(17)   Dominique deu *um petisquinho ao Luigi.*

Qual a classificação dos dois constituintes (ou sintagmas) grifados em (17): *um petisquinho* e *ao Luigi*? Se a dúvida recai sobre a classificação a ser dada ao constituinte *ao Luigi*, basta colocar, em (17), outro constituinte que tenha supostamente a mesma função de *ao Luigi*. Assumindo, como hipótese, que *ao Luigi* seja um objeto indireto, basta, então, colocarmos outro constituinte com função dativa em seu lugar, isto é, outro constituinte que represente a entidade em benefício da qual se desenrolou o processo verbal. Se acrescentarmos, portanto, um outro beneficiário ao processo descrito em (17), o resultado será ruim, conforme se vê em (17a):

(17)   a.   *Dominique deu *para o Ettore* um petisquinho *ao Luigi.*

Repare que em (17a) os termos em itálico não estão coordenados. A coordenação implica que os dois termos coordenados contem como a mesma função sintática, de modo que (17b) não seria contra--argumento à eficácia do teste:

(17)   b.   Dominique deu *para o Ettore e para o Gigi* um petisquinho.

O mesmo pode ser feito para o constituinte *um petisquinho*. Supondo que se trate de um complemento do verbo ("quem dá, dá *algo* a alguém"), podemos, p.ex., acrescentar um outro constituinte – supostamente dotado de mesma função sintática –, e o resultado deverá ser a agramaticalidade da ocorrência. Isso é mostrado em (17(c-e)).

(17) c. *Dominique deu *um petisquinho* ao Luigi *um brinquedinho*.

  d. *Dominique deu *um brinquedinho um petisquinho* ao Luigi.

  e. *Dominique deu *um petisquinho um brinquedinho* ao Luigi.

A malformação de (17(c-e)) se deve não à ordem de palavras, mas à restrição à ocorrência conjunta – e não coordenada – de dois membros de mesma função sintática. O expediente ilustrado pode então ser empregado para auxiliar no reconhecimento de funções sintáticas. Tal expediente é muito útil à classificação de adjuntos adverbiais. Consideremos o adjunto grifado em (18).

(18) Deputado afirma que falou com bombeiro preso *em gravação*. (G1, 9/12/2012)

Primeiramente, o adjunto grifado entra numa estrutura ambígua: qual o escopo, i.e., qual o termo modificado por *em gravação*? Esse termo pode se associar a três diferentes termos de (18), o que fica evidente pelas paráfrases em (18(a-c), a seguir) (cf. Tescari Neto & Perigrino, 2024).

(18) a. Deputado (, em gravação,) afirma (, em gravação,) que falou com ...

  b. Deputado afirma que (, em gravação,) falou (, em gravação,) com ...

  c. Com bombeiro preso em gravação, deputado afirma que falou...

Considerando o sentido em (18a), qual a função de *em gravação* na ocorrência em (18)? Para a diagnose da função, basta colocarmos, na ocorrência, um outro adjunto que supostamente tenha a mesma função. Acrescentemos um adjunto de duração (cf. (18a')) e um de tempo (cf. (18a")) a essa ocorrência:

(18)　a'.　Deputado, em gravação, afirma (, *durante evento) que falou com …

　　　a".　Deputado, em gravação, afirma (, à noite,) que falou com …

O expediente da coocorrência permite diagnosticar que em (18), para o sentido em (18a), o adjunto *em gravação* seria um adjunto adverbial de duração, haja vista a malformação de (18a'), formulação a respeito da qual – ao lado do adjunto sobre o qual pairam dúvidas quanto à sua classificação na ocorrência original – se aplicou o teste da coocorrência, fazendo aparecer na mesma sentença, com esse adjunto, um outro cuja função seria mais clara: a de adjunto de duração. Um adjunto de tempo (cf. (18a")) não dá lugar à malformação, o que aponta para a validade do teste no âmbito das atividades de reconhecimento de constituintes em termos de suas funções sintáticas em análise linguística.

Para finalizar, cumpre uma observação importante relativamente ao aproveitamento dos julgamentos introspectivos em contexto escolar. Poder-se-ia objetar que o emprego de uma tal metodologia só poderia ser válido se o professor considerasse seus alunos como "falante-ouvintes" ideais – na verdade, aqui valeria usar o termo no singular, haja vista o reconhecido fato de que, para Chomsky (1986), a língua-I é, conforme já mencionado várias vezes – sobretudo na seção 3.1, mas não só –, um conhecimento individual. Em Tescari Neto (2022, nota 15), argumentei contra tal objeção (a de que não se poderia recorrer ao julgamento dos estudantes em aulas de português) e, para isso, mencionei o sucesso dos linguistas tanto em trabalhos de campo – ao conseguirem dados elicitados muitas vezes entre indivíduos que não falam português – quanto em cursos introdutórios à Linguística em cursos de Letras, Fonoaudiologia e Linguística: basta uma única aula para os estudantes compreenderem o que seja "julgamento de aceitabilidade". Ao professor interessado, cumpre "treinar" os estudantes para as tarefas dos julgamentos; tal treino não exige muito, e os linguistas que oferecemos disciplinas introdutórias em cursos de Letras e Linguística constatamos que nossos calouros compreendem, em uma única aula, a diferença dos conceitos de gramaticalidade e de correção (incluindo aí variáveis de aceitabilidade) – e de fato já se sentem aptos a dar julgamentos introspectivos na mesma aula em que são apresentados a esse expediente. Nesse sentido, não há razão para não recorrer a essa importante ferramenta – naturalmente com as adaptações didáticas necessárias – em aulas de análise linguística.

3.4 Síntese do capítulo

Após uma breve discussão sobre a natureza dos dados na pesquisa em Linguística (na seção de "Introdução"), o capítulo cuidou, na seção 3.1, de apresentar três dos mais difundidos conceitos de gramática, bastante válidos aos propósitos do livro. Vimos, com Ilari & Possenti (1985), que, em sentido geral, "gramática" pode ser entendida como "conjunto de regras", e disso derivariam os três conceitos apresentados naquela seção: (1) regras que devem ser seguidas – concepção subjacente ao conceito de gramática normativa; (2) regras que são seguidas – concepção subjacente ao conceito de gramática descritiva; e (3) regras que o falante domina – concepção subjacente ao conceito de gramática internalizada.

Na seção 3.2, o objetivo foi o de revisitar alguns trabalhos da literatura gerativista que tratam do método maiormente utilizado por estudiosos dessa abordagem quando da descrição de fatos gramaticais: o método dos julgamentos de aceitabilidade (os julgamentos introspectivos). Considerados, conforme a citação de Chomsky na epígrafe do capítulo, um "experimento", os julgamentos consistem na aferição da intuição de um indivíduo relativamente à boa formação ou não de uma sequência linguística em sua língua materna. A seção cuidou inclusive de diferenciar o conceito de gramaticalidade do de aceitabilidade, algo importante para que seja efetivo o propósito da utilização, pelos professores, de tal expediente metodológico.

Na sequência, na seção 3.3, a discussão se voltou a um questionamento sobre o lugar dos julgamentos de aceitabilidade enquanto método no ensino de gramática, considerando-se as duas frentes apresentadas no capítulo anterior; assim, na seção 3.3.1, a discussão problematizou – com a apresentação de exemplos – o lugar dos julgamentos no ensino da norma que serve como referência; a seção 3.3.2 problematizou – também recorrendo a exemplos – o lugar desse expediente metodológico nas práticas de análise linguística.

3.5 Cenas do próximo capítulo

Nos dois próximos capítulos, a pertinência do conhecimento mobilizado nesses três capítulos de cunho mais teórico será ilustrada a partir de exemplos que explicitarão o espírito da segunda acepção de "Linguística na escola" (definida na seção 1.2) tendo em vista a primeira frente (capítulo 4) e a segunda frente (capítulo 5) do ensino de gramática. O expediente dos julgamentos introspectivos, explorados à larga ao longo do presente capítulo, estará na base das propostas avançadas.

No próximo capítulo, mais especificamente, o foco será o ensino da primeira frente: a da norma que serve como referência. Assim, o ensino da norma-padrão – tornado possível pela comparação com ocorrências de variedades não padrão – será ilustrado, na seção 4.1, através das estratégias de relativização, i.e., das estratégias para a formação de estruturas subordinadas adjetivas. A seção 4.2. explorará a regência verbal nessas estruturas discutidas na seção 4.1, tendo em conta o uso da introspecção no contexto das atividades propiciadas por livros do PNLD.

4

Gramática internalizada e ensino da norma

> (EM13LP15) Planejar, produzir, revisar, editar, reescrever e avaliar textos escritos e multissemióticos, considerando sua adequação às condições de produção [...], ao gênero textual em questão e suas regularidades, à variedade linguística apropriada a esse contexto e ao uso do conhecimento dos aspectos notacionais (ortografia padrão, pontuação adequada, mecanismos de concordância nominal e verbal, regência verbal etc.), sempre que o contexto o exigir.
>
> *Brasil*, 2018

Neste capítulo, busca-se ilustrar – tendo em conta a segunda acepção de "Linguística na escola", qual explorada na seção 1.2 – como os julgamentos de aceitabilidade – introduzidos na seção 3.2 – podem ser úteis no âmbito da primeira frente do ensino de gramática, introduzida na seção 2.1, inclusive nos contextos em que o professor recorre a livros didáticos (p.ex. do PNLD) ou apostilas. Para isso, o capítulo explorará a sintaxe da regência verbal e nominal, sobretudo tendo em conta objetos de conhecimento evocados em EM13LP15 da BNCC para o Ensino Médio.

INTRODUÇÃO

Ao apresentar, no capítulo 2, as duas frentes do ensino da gramática – a saber, o estudo da norma tomada como referência (seção 2.1) e a análise linguística propriamente dita (seção 2.2) –, foi discutido, sobretudo nas seções de 2.1, o lugar da norma gramatical, qual descrição da norma-padrão, no *continuum* tipológico dos gêneros textuais. Lá se argumentou, na esteira de Tescari Neto & Bergamini-Perez (2023), que a norma descrita nas gramáticas tem, na perspectiva do *continuum* dos gêneros, papel fundamental na garantia da monitoração estilística: gêneros mais formais, sobretudo os da escrita, são monitorados em maior grau, e a norma é tomada como referência para tal monitoração.

As habilidades informadas em EM13LP15 (da BNCC do Ensino Médio) – excerto que aqui figura como epígrafe – congregam um conjunto de tópicos relacionados à primeira frente do ensino de gramática, tópicos estes abordados em gramáticas normativas e em manuais de redação e estilo: questões ortográficas, pontuação, concordância (verbal e nominal) e regência verbal. Tais tópicos, na perspectiva da BNCC, devem, em âmbito escolar, ser tratados tendo em conta, conforme se lê na epígrafe, questões relacionadas ao gênero textual, à variação linguística e ao contexto de uso – o que não é nenhuma surpresa, haja vista a vocação natural dos documentos oficiais (a BNCC, mas também, e sobretudo, os PCNs) para integrar à leitura e à produção textual o ensino de gramática. Faz, agora, sentido a discussão, na seção 2.1.2, sobre o lugar da norma tomada como referência – descrita nas gramáticas – no *continuum* tipológico dos gêneros textuais: aperceberam-se os elaboradores da BNCC de um importante aspecto da dinamicidade do *continuum* dos gêneros: ele se sobrepõe ao de monitoração estilística, conforme discutido em 2.1.2. Os conteúdos indicados em EM13LP15 mostram a preocupação da BNCC para que o estudo de questões da primeira frente do ensino de gramática leve em conta não só a variação linguística como a dinâmica natural do *continuum* dos gêneros: há gêneros mais monitorados, de sorte que, a depender do gênero em questão, estruturas envolvendo concordância e regência poderão ser diferentemente realizadas.

O(a) leitor(a) deve estar se perguntando: mas qual seria a relação entre os tópicos de norma – que exploram a primeira das duas frentes do ensino da gramática –, os conteúdos de EM13LP15 – discutidos no parágrafo precedente e que acertam as condições de produção de textos em diferentes gêneros – e um assunto bastante debatido no capítulo anterior, a saber, o uso da introspecção via julgamentos de aceitabilidade? No contexto do ensino de língua portuguesa, espera--se, na perspectiva da BNCC, que haja uma relação necessária entre os conteúdos mencionados. Na perspectiva subjacente à segunda acepção de "Linguística na escola", discutida na seção 1.2, é desejoso que a Linguística Educacional ofereça subsídios ao professor de língua portuguesa que possam auxiliá-lo em suas lides em sala de aula. Considerando, então, o que foi discutido no capítulo 3 a respeito do emprego da introspecção, via julgamentos, no contexto do ensino de gramática, o objetivo do presente capítulo é ilustrar como esse expediente metodológico pode ser útil no âmbito da primeira frente, a que se volta à norma gramatical tomada como referência, tendo em conta um dos objetos de conhecimento evocados em EM13LP15: fatos da sintaxe de regência. Para isso, o capítulo se organiza assim: a seção 4.1 discute, no espírito da segunda acepção de "Linguística na escola", as três estratégias de relativização rapidamente mencionadas na seção 2.1.2; o que se busca é mostrar que as duas estratégias não abonadas pela norma gramatical de referência, a saber, as estratégias copiadora e cortadora, podem ser utilizadas para o ensino da estratégia abonada pela norma, a saber, a estratégia-padrão. A seção 4.2 discute como a introspecção, via julgamentos, pode ser explorada pelo professor mesmo nos contextos em que se faz uso de livros didáticos do PNLD.

A seção 4.3 apresenta a síntese do capítulo, e a seção 4.4 antecipa o conteúdo do próximo capítulo.

4.1 O ENSINO DA NORMA-PADRÃO DE REFERÊNCIA POR MEIO DA COMPARAÇÃO COM VARIEDADES NÃO PADRÃO: O CASO DAS SUBORDINADAS ADJETIVAS

O processo de implementação da norma-padrão no Brasil no século XIX representou um movimento que não tem escapado das críticas de linguistas. Como se viu na seção 2.1.1, a elite brasileira daquele século adotou, como norma-padrão por aqui, a norma portuguesa recém-implementada em Portugal, que se distanciava, no caso do Brasil, do uso já registrado, por exemplo, na Constituição do Império de 1824. Para ilustrar o processo de implantação da norma no Brasil no século XIX, Pagotto (2013) compara estruturas da Constituição do Império – muito próximas das estruturas do PB do século XIX e registradas em documentos de vários gêneros de texto, estruturas estas discutidas em trabalhos de Linguística Histórica e em trabalhos de Linguística Diacrônica[1] – com estruturas da Constituição da República de 1891; a Constituição da República adotou, por seu turno, a norma europeia como referência, norma esta, por sua vez, praticamente recém-implementada, como já dito, em Portugal à época.

Um exame dos fatos, pautado em análise linguística (inclusive em moldes a serem desenvolvidos na Educação Básica), levar-nos-ia à seguinte hipótese de trabalho: a alegada "artificialidade" da norma-padrão – recorrentemente mencionada em trabalhos que tratam do tema (vejam-se, p.ex., Faraco, 2008; Amorim & Santi, 2019; Moraes,

---

[1] A nota 6 do capítulo 2 detalha alguns desses trabalhos, elencando propriedades da então emergente gramática do PB.

2019, Freire, 2020, entre outros) – não pode ser tomada como motivo, na didática linguística, para a não oferta de subsídios metodológicos aos professores que proporão reflexões sobre a norma-padrão. A BNCC (Brasil, 2017, 2018) reiteradamente sugere que se comparem estruturas da norma-padrão com estruturas de variedades populares do PB, fato já mencionado – considerando-se a BNCC do Ensino Fundamental – no capítulo 2, na seção 2.1. A conjectura segundo a qual "a estrutura imposta pela norma[-]padrão é contraintuitiva vai contra a intuição linguística do falante, a ponto de haver um grande estranhamento por parte do interlocutor [...] quando esse falante enuncia com o emprego dessa norma, salvo em contextos específicos, geralmente em meio profissional ou acadêmico, nos quais se exige, por convenção social, linguagem formal" (Amorim & Santi, 2019, p. 145) não encontraria respaldo na Linguística Comparada que, com seus métodos, é capaz de auxiliar professores e linguistas interessados a comparar estruturas da norma dita padrão com estruturas de variedades populares do PB, de modo a proporcionar, no âmbito do ensino de gramática, uma compreensão da norma tida como de referência. Se nos atentarmos ao cuidadoso exame que faz Pagotto (2013) de estruturas similares em duas constituições do século XIX, a do Império (1824) e a da República (1891), não é difícil reconhecer que o mesmo possa ser feito no âmbito do ensino de língua portuguesa: é possível chegar às regras da norma gramatical (a norma descrita e prescrita em instrumentos normativos como as gramáticas tradicionais, os dicionários e alguns manuais (cf. seção 3.3.1.)) com base em um exame de estruturas correlatas no português dos próprios alunos (a esse respeito, cf. Tescari Neto & Bergamini-Perez (2023) e Tescari Neto & Perigrino (2024); ver também as seções 2.1.2 e 3.3.1).

Nesse sentido, uma Linguística Educacional comprometida não pode se contentar com o discurso sobre o alegado caráter artificial e contraintuitivo da norma – ainda que não seja de todo clara a formulação do que se entenda por artificial ou contraintuitivo –, até mesmo porque o que se toma por "contraintuitivo" pode simplesmente deixar de sê-lo se se fazem comparativamente explicitações sobre estruturas da norma gramatical (tomada como referência) e de variedades não padrão. Foi através do trabalho dos escritores românticos portugueses que se fixou a norma em Portugal; tal norma foi incorporada pela elite brasileira no século XIX. Esse processo histórico que se deu no Brasil obviamente não está isento de críticas – e as críticas são, de fato, obviamente válidas e justas. O ponto, contudo, para a Linguística Educacional *hoje* – i.e., cerca de 130 anos depois da implementação da norma (considerando-se como marco o registro da Constituição da República de 1891 (Pagotto, 1998, 2013)) – não é, ou, talvez, não deveria se limitar a ser, um questionamento tão somente da forma como a norma foi implementada, desvencilhado de ou até mesmo alheio a uma compreensão do lugar da norma dita padrão nas escolas, tendo em vista a perspectiva do *continuum* dos gêneros textuais de Marcuschi (2004) – seção 2.1.2: embora ninguém escreva efetivamente em norma-padrão, ela tem efeito balizador relativamente à norma de fato utilizada, a comum/standard/culta, sobretudo se considerarmos a monitoração dos estilos nos mais diferentes gêneros postos em execução (Tescari Neto & Bergamini--Perez, 2023).

Acertadamente, a BNCC (2017, 2018), com sua preocupação pragmática, sugere comparações entre estruturas da norma e estruturas observáveis em variedades do português do Brasil, como se viu na seção anterior. É tarefa da Linguística Educacional extrair das normas descritas pelos gramáticos um exemplar ou modelo do que teria sido a "língua-I", i.e., o conhecimento gramatical de usuários de língua de sincronias pretéritas. Isso é, aliás, o que, com muito sucesso, fazem os pesquisadores da "Linguística Diacrônica", que, no Brasil, têm no grupo do Tycho Brahe, liderado pela professora Charlotte Galves, uma importante referência: os linguistas diacrônicos chegam a um arquétipo (aproximado) de línguas-I de sincronias pretéritas por meio das cartas e dos textos literários que lhe servem de base. A demanda posta pelos professores e pela sociedade a nós, linguistas, vai ao encontro do que esses estudiosos estão acostumados a fazer: como as metodologias da Linguística Teórica podem auxiliar na compreensão da norma (dita) gramatical? A mesmíssima metodologia – ou, pelo menos, uma metodologia similar (e com as devidas adaptações didáticas) à praticada em Linguística Diacrônica e pela Sintaxe Comparada, de modo geral – pode ser aplicada para um tratamento *descritivo e explicativo* da norma gramatical de referência, conforme se sugeriu no capítulo 2, com apoio sobretudo em Tescari Neto & Bergamini-Perez (2023) e em Tescari Neto & Perigrino (2024). E isso pode ser feito sem a necessidade da assunção dos "futurismos" já lamentados por Franchi (2006). Caem por terra, assim, conjecturas contrárias a uma pedagogia da norma gramatical (tomada como referência), o que não faz qualquer sentido. Lembremos, aliás, com Saussure, no *Cours,* que

> [...] [a] matéria da Linguística é constituída inicialmente *por todas as manifestações* da linguagem humana, [...] considerando-se em cada período não só a linguagem correta e a "bela linguagem", mas todas as formas de expressão. (Saussure, 2006, p. 13 [grifo meu])

Não há, assim, razão alguma para excluir, do programa de pesquisa dos linguistas, a possibilidade de investigar as regras que subjazem à norma dos gramáticos. Não se quer, com isso, jamais legitimar a norma como único registro a ser usado em todos os gêneros de texto – o que seria, aliás, absurdo! Com isso, se quer tão somente descrever as regras para *facilitar o acesso dos brasileiros à norma tomada como referência*, o que tem implicações importantíssimas para a didática linguística. Ainda que mesmo nas situações formais não nos valhamos da norma tal como descrita nos manuais e gramáticas tradicionais – utilizamos, na verdade, o que Faraco (2008) chama de "norma culta/comum/standard" (cf. seção 2.1.1) –, o fato mesmo de a norma culta ser balizada, segundo Faraco, pela norma-padrão (uma vez que os usuários da norma culta estão imersos continuamente em atividades de letramento escrito) torna necessária uma reflexão sobre a norma que serve como referência. Comparar as regras da norma gramatical com as regras de "outras normas" (p. ex., a do português popular) é empoderar os usuários da língua, dando-lhes os instrumentos necessários para a utilização da norma dita culta – balizada pela gramatical – nos gêneros em que a norma culta é esperada. É justamente no seio da segunda acepção de "Linguística na escola" que uma tal contribuição metodológica pode se dar.[2]

É hora, pois, de ilustrar na prática a segunda acepção de "Linguística na escola" – qual discutida na seção 1.2 –, desta vez no contexto de alguns dos objetos de conhecimento indicados em EM13LP15. Sendo, então, também empírica por natureza a Linguística Teórica, cumpre, é claro, ilustrar, a partir de ocorrências, aquilo que se diz em prosa. Se o que se registra hoje na norma-padrão terá sido registrado em línguas-Is pretéritas (naturalmente, ao longo do tempo), não há por que não tentar, no âmbito do ensino, levar os alunos à compreensão das regras da norma a partir de uma comparação com estruturas correspondentes em sua própria variedade.

---

[2] Em Tescari Neto & Souza de Paula (2021), argumentamos em favor de uma educação linguística que permita, por meio de comparações entre as estruturas da norma tomada como referência e estruturas correlatas em variedades não padrão, um acesso "consciente" às normas. Tescari Neto & Perigrino (2024) é um esforço no sentido de proporcionar aos estudantes de língua portuguesa – e também aos professores em formação continuada – um acesso às regras da norma-padrão, partindo de uma descrição das estruturas correspondentes em sua própria norma ou variedade. Não há futurismo algum na proposta. Não há nenhuma tentativa de fazer professores mudarem seus *curricula* e programas. Os conteúdos referentes à primeira frente e indicados em EM13LP15 (*vide* epígrafe) podem ser desenvolvidos consoante a *démarche* que aqui se sugere adotar, *démarche* esta comum a teorias linguísticas e que subjaz à segunda acepção de "Linguística na escola", discutida na seção 1.2.

Todo estudante de Linguística e de Letras no Brasil terá ouvido falar, em algum momento de sua formação, das três estratégias de relativização discutidas na tese de Tarallo (1983) e já mencionadas na seção 2.1.2. Tarallo foi um visionário: não só descreveu as três estratégias de formação de orações subordinadas adjetivas (por ele chamadas de "relativas") no PB – veja-se, a esse respeito, a discussão dos exemplos em (1a, b, c) na seção 2.1.2 –, como também, ao descrever tais estruturas, pavimentou o caminho para frutíferas pesquisas sobre aspectos da sintaxe do PB tanto em teoria gramatical (em suas várias vertentes, inclusive a Gerativa) quanto em Sociolinguística laboviana. As três estratégias são ilustradas a seguir, a partir de ocorrências envolvendo "relativas de preposição" (Kenedy, 2010), i.e., relativas cujo termo "regente", no sentido da Gramática Tradicional, requer preposição:

(1)   A casa *em* que fiquei não era muito confortável. [*relativa--padrão*]

(2)   A casa que fiquei não era muito confortável. [*relativa cortadora*]

(3)   A casa que fiquei *n*ela não era muito confortável. [*relativa copiadora*]

A criança brasileira tem indiscutivelmente à disposição, como "dados linguísticos primários" – i.e., como ocorrências que a cercam em sua fase de aquisição do PB (cf. seções 3.1 e 3.2) –, estruturas como (2) e, a depender de questões sociolinguísticas, estruturas como (3): minha gramática mirassolense recorre também à estratégia ilustrada em (3) para formar relativas.

Se pensarmos na perspectiva do *continuum* dos gêneros de Koch & Oesterreicher (2013)/Marcuschi (2004), ao qual se sobrepõe o de monitoração estilística (Bortoni-Ricardo, 2003) – cf. seção 2.1.2 –, há que reconhecer, no contexto do ensino de língua portuguesa, a importância dessas três estratégias, visto terem seu lugar em diferentes gêneros (Tescari Neto & Bergamini-Perez, 2023; Silva, 2023; Tescari Neto & Perigrino, 2024): gêneros escritos e com elevado grau de monitoração estilística (a exemplo de editais de concurso, peças jurídicas, editoriais de jornal, teses etc.) tenderão a atualizar construções como (1), ainda que tais construções, denominadas relativas *pied-piping* (Kenedy, 2010),[3] sejam não só raras na oralidade (Kenedy, 2010; Silva, 2023), como também ausentes na fala infantil (Kenedy, 2010). Ademais, é recomendável que o ensino dos objetos de conhecimento identificados como "aspectos notacionais" em EM13LP15 – nomeadamente, a ortografia, o emprego dos sinais de pontuação, os mecanismos de concordância e de regência – considere o gênero textual em questão e a variedade linguística apropriada a esse contexto, conforme a formulação reproduzida na epígrafe do capítulo.

Seja como for – e pensando agora no ensino da regência verbal e nominal no contexto de orações subordinadas adjetivas (as estruturas "relativas" de que se falou acima) –, para chegar à estrutura em (1) – que constitui a estratégia abonada pelas normas gramaticais, figurando por isso mesmo em gêneros textuais com maior grau de monitoração estilística –, é possível partir de uma descrição das estruturas em (2) e (3). Iniciemos, a título de ilustração, a exemplificação de como chegar à estrutura em (1) a partir da estrutura em (3),[4] a saber, a estrutura que sofre estigmatização social (Tarallo, 1983; Silva, 2023).

---

[3] Esse termo utilizado pelos estudiosos da relativização se deve ao fato de a preposição que figura em contextos como (1) ser "carregada" (*pied-piped*) junto com o pronome relativo *que*, a partir da posição onde foi gerada dentro da estrutura da relativa, conforme ficará claro no decorrer da exposição.

[4] Valho-me aqui da proposta de Tescari Neto & Perigrino (2024, capítulo 3), que sugere o ensino da estrutura da norma em (1) a partir de uma descrição da estrutura em (3), que integra variedades não padrão do PB.

Professores podem verificar se na turma há estudantes cujas gramáticas fazem uso da estratégia copiadora em (3). Coletadas as ocorrências dos próprios alunos – seguindo, em essência, a *démarche* descrita em Pires de Oliveira & Quarezemin (2016) como "construção de gramáticas" –, o docente pode auxiliá-los a identificar os elementos presentes no interior da subordinada adjetiva, como os italicizados em (3):

(3) $A\ casa_i$ que_i fiquei $nela_i$ não era muito

        confortável.

(3')   fiquei $nela_i$ = fiquei *na casa*$_i$

(3")   = fiquei *em que*$_i$

(3''') Portanto: *a casa em que fiquei não era...* (= (1))

Um exame atento das ocorrências (3'), (3") e (3''') sugere ser possível chegar à estrutura abonada pela norma, i.e., a apresentada em (1), partindo de uma estratégia de relativização típica do PB popular: a copiadora (3). Os índices subscritos marcados pelo "i" indicam que os termos têm a mesma referência. A substituição de *nela* por preposição (*em*) + antecedente (*casa*), antecedente este correferencial ao pronome relativo *que*, permite chegar, por comparação, à estratégia recomendada pela norma gramatical (cf. Tescari Neto & Perigrino, 2024).

Interessantemente, portanto, a ocorrência mais propensa à estigmatização, a saber, (3), pode ser útil para a compreensão da regra subjacente à estrutura da norma-padrão; basta considerar (3'), que faz emergir uma preposição diante do pronome resumptivo. Em vez de atacar a ocorrência em (3), o professor pode partir dela para explicar a correspondente na norma-padrão: a estrutura em (1).

É possível igualmente propiciar uma compreensão de (1) tomando como base a estrutura em (2), que igualmente faz parte do conhecimento dos falantes do português do Brasil e, consequentemente, do conhecimento internalizado dos nossos estudantes da Educação Básica:[5]

(2)   A casa   que   fiquei   não era muito confortável
(2')   fiquei *onde*? Resposta: *na casa.*
(2")   *em a casa = em que*
(2"') *Portanto: em que fiquei... (= (1))*

Repar que, por (2'), isolamos o antecedente (por meio de uma interrogativa total): basta fazer uma pergunta – utilizando pronomes interrogativos (*quem, quando, onde* etc.) – sobre o antecedente da relativa (no caso, *a casa*); em (2"), substituímos o antecedente (*a casa*) pelo relativo correspondente (*que*), o que nos permitiu chegar à estrutura correspondente: (2"/2"') = (1).

As duas estratégias de relativização tipicamente observadas na gramática internalizada dos brasileiros[6] podem se revelar – em

---

[5] Tescari Neto & Perigrino (2024) não tratam dessa possibilidade. O professor pode optar pelo ensino da relativa-padrão quer a partir da descrição da relativa copiadora (conforme Tescari Neto & Perigrino, 2024), quer a partir da descrição da relativa cortadora – estrutura em (2). Cumpre verificar se na turma há alunos cuja gramática internalizada conta com estruturas como (3) para descrever tais estruturas e chegar à recomendada pela norma tomada como referência (a estrutura em (1)). Se não houver alunos cuja gramática conte com a estrutura em (3), pode-se partir da estrutura em (2) e da descrição aqui feita a seu respeito para chegar a uma compreensão da regra subjacente a (1). De qualquer forma, é possível chegar à regra da norma partindo de uma descrição do conhecimento internalizado dos próprios alunos, cuja gramática legitimará estruturas como (3) ou como (2).

[6] A gramática internalizada, conforme vimos no capítulo anterior, sobretudo na seção 3.1, é um conhecimento individual: mesmo partindo de um estágio inicial comum, a experiência a que a criança é exposta não é a mesma, o que determina estados finais distintos, sendo a gramática, portanto, individual. Ao falar aqui em gramática dos brasileiros, faz-se uma abstração – abstração esta comum em trabalhos dos gerativistas (veja-se Chomsky, 1986, 1994, p.ex.; veja-se também a nota de rodapé 4 do capítulo 3).

análise linguística em âmbito escolar – importante elemento, uma vez explorado pelo professor consoante à metodologia sugerida acima, de compreensão da estratégia de relativização-padrão. Se é papel do professor explicitar o conhecimento tácito de seus alunos, não há por que sustentar o discurso de que o que se vê descrito na norma seja contraintuitivo. O papel da análise linguística é justamente "empoderar" os alunos, aproveitando-se da intuição que têm sobre estruturas de sua gramática internalizada, para fazê-los entender a estrutura subjacente à norma-padrão que, a julgar ao menos pelo exame das estratégias de relativização, não pode ser considerada "contraintuitiva" ou "artificial" (veja-se, a esse respeito, Tescari Neto & Perigrino, 2024).

Recorrendo a um banco de dados constituído por textos de editorial de jornais e revistas (*Folha de S.Paulo*, *O Globo*, *Carta Capital* e *Época*) e por entrevistas (orais e escritas) constantes dos *corpora* do grupo de estudos "Discurso & Gramática" (*A língua falada e escrita na cidade do Rio de Janeiro* e *Corporaport – variedades do português em análise*), Silva (2023), em seu estudo sobre estruturas relativas, constatou que a taxa mais alta de relativas-padrão em editoriais de jornal – onde a pressão da norma se dá por meio da revisão textual – se equaciona com a emergência mais expressiva de relativas cortadoras em entrevistas. O fato leva o autor a argumentar que as relativas cortadoras já fazem parte das "variedades cultas urbanas" do PB. A constatação de Silva (2023) pode ser tomada como evidência favorável à argumentação posta em Tescari Neto & Bergamini-Perez (2023) – e aqui retomada nas seções 2.1.2 e 2.1.3 – segundo a qual o papel da norma gramatical tomada como referência é o de instrumento de consulta em gêneros marcadamente monitorados estatisticamente: a depender do gênero textual, utilizar-se-á uma ou outra estratégia. Silva (2023, p. 63ss.) convincentemente argumenta que a emergência de relativas cortadoras se dá sobretudo na publicidade, em gêneros de texto cujo suporte são as redes sociais, em noticiários esportivos, em canais de entretenimento, entre outros. Nesses gêneros, a monitoração estilística tende a ser menor, e, portanto, a consulta à norma tende a ser menor também (Tescari Neto & Bergamini-Perez, 2023).

Por fim, o exercício sugerido acima – a propósito dos dados de (1) a (3) – revela-se como importante trabalho de "construção de gramáticas" no espírito de Pires de Oliveira & Quarezemin (2016), naturalmente se se consideram as estruturas em (2) e (3): constroem--se, i.e., descrevem-se as gramáticas dos alunos que têm (2) e (3) como estratégias de relativização. O trabalho pode ser, conforme sugerido pela metodologia indicada no livro dessas duas linguistas, o de coleta de dados dos alunos, envolvendo, para o caso, estruturas relativas como (2) e (3). Descritos os dados, como fizemos em (3', 3") e (2', 2"), chega-se à estrutura recomendada pela norma (cf. (3", 3'''; 2", 2''')).

Os fatos da regência em contextos de relativização – considerando as três estratégias de formação de estruturas relativas –, explorados nesta seção, terão não só servido como ilustração da adoção da segunda acepção de "Linguística na escola", como também como ilustração da *démarche* sugerida no capítulo anterior: o emprego da introspecção até em atividades da primeira frente. Recorre-se a expedientes de análise dos linguistas – cuidando, contudo, de garantir as necessárias adaptações didáticas – para favorecer o ensino de objetos gramaticais: aqui, a estratégia-padrão de relativas preposicionadas. O que se sugeriu como tópico – o estudo das relativas (ou subordinadas adjetivas) – é objeto de conhecimento na BNCC e figura, como já dito, em EM13LP15, que aqui serve de epígrafe. Mas não só na BNCC do Ensino Médio a regência é indicada como conteúdo. Na BNCC do Ensino Fundamental (anos finais), regência – verbal e nominal – também integra o programa sugerido para o currículo, o que já foi notado no capítulo 1: "[c]omparar o uso de regência verbal e regência nominal na norma-padrão com seu uso no português brasileiro coloquial oral" (EF09LP07). Abordou-se, aqui, o ensino da regência na norma tomada como referência, partindo de uma descrição de variedades não padrão do PB. De maneira comparada, pondo lado a lado estratégias de relativização não padrão (as estruturas em (2) e (3)) e padrão (a estrutura em (1)), é possível propiciar o acesso dos estudantes, por comparação, à estrutura da norma tomada como referência (1) (veja-se também o cuidadoso estudo de Bonetti (2024)).

O(a) leitor(a) estará se perguntando: e como desenvolver, na prática, o sugerido nesta seção, sem com isso abandonar o uso do livro didático do PNLD (ou até mesmo o uso de uma apostila, em uma escola que adota tal material)? Isso é um assunto para a próxima seção.

4.2 Da regência verbal nos livros do PNLD e do uso da introspecção no ensino de língua portuguesa

Do conjunto de sete livros didáticos de língua portuguesa que fazem parte do PNLD para o Ensino Médio de 2021, consultamos seis,[7] dois dos quais inclusive se dedicam a formalizar o conceito de regência, além de explorar, por meio de exemplos e atividades, esse objeto de conhecimento. Campos & Oda (2020, p. 231ss.), p.ex., tratam, na seção "Pensar a língua", do fenômeno da regência (verbal e nominal), em conjunto com outros dois fenômenos: o da concordância (verbal e nominal) e o da colocação dos pronomes. Seguindo a perspectiva de promoção da prática de análise linguística em conjunto com as atividades de leitura e produção textual, a seção retoma excertos da peça de teatro *O túnel*, de Dias Gomes, analisada no início da unidade. Os autores elicitam, então, a reflexão dos três

---

[7] O livro de Sette *et al.* (2020) não estava disponível para consulta *on-line* gratuita na *web* em julho de 2024.

fatos da norma supracitados, de modo a explicitar o conhecimento que os próprios alunos têm sobre os fatos gramaticais de sua variedade e fazê-los aperceberem-se de diferenças entre o uso que fazem da língua e aquilo que recomenda a prescrição gramatical. Este é o caso, p.ex., da questão colocada em um quadro rosa no livro, na p. 231, e reproduzida em (4a), a seguir, a respeito da ocorrência em (4b).

(4) a. "Observe as palavras em rosa. Qual é a classe gramatical dessas palavras? O que elas têm em comum? Explique por que o autor emprega *aonde*, e não *onde*.

b. *Homem da Mercedes – Aonde* você vai?
Loura – Vou *à* manicure do Fusca verde.
(Campos & Oda, 2020, p. 231)

(4a) explora, a propósito de (4b), um interessante expediente que compara o uso da norma – o que se percebe pelo emprego da preposição *a* junto ao pronome interrogativo *onde* (cf. *aonde*), preposição esta requerida pelo verbo de movimento *ir* (o que fica visível pela aplicação do "teste da transitividade": quem vai, vai *a* algum lugar) – com o uso do português coloquial: o aluno é levado a refletir sobre a estrutura que utilizará em contextos formais, sobretudo escritos (a que figura no excerto em (4b)), levando em conta inclusive questões estruturais: a resposta de Loura em (4b) é bom instrumento para compreender o porquê do emprego de *aonde*: tanto na fala do "homem da Mercedes" quanto na de Loura, figura o verbo de movimento *ir*, que pede preposição; na aula, a partir da reflexão proposta pelo livro, o professor pode explicar aos alunos que a preposição utilizada em ambos os casos costuma ser outra no PB comum, conforme sugere (4b'), a seguir.

GRAMÁTICA E FORMAÇÃO DE PROFESSORES DE LÍNGUA PORTUGUESA | 143

(4)   b'.   *Homem da Mercedes – Para onde* você vai?
       Loura – Vou *na* manicure do Fusca verde.

A fala do homem da Mercedes na ocorrência reconstruída em (4b') explora uma preposição que poderia alternativamente figurar no lugar de *a*, nomeadamente *para*, o que, por comparação, poderia facilitar a compreensão do estudante relativamente ao emprego da preposição *a* na norma, conforme vimos em (4b). O uso de *na* na fala de Loura, por seu turno, é expediente muitíssimo válido para, também por comparação, chegar ao emprego do acento grave indicador de crase na escrita, conforme já vimos na seção 3.3.1: *na* (na verdade, *em + a*) deixa explícito que na construção se tem a preposição *em* e o artigo *a*; a preposição *em* (em (4b')) está para a preposição *a* (em (4b)), assim como o artigo *a* (4b') está para o mesmo artigo (4b). Desse modo, há acento grave indicador de crase, um fato de regência na norma, que se explica por comparação com ocorrência do português popular.

Feito esse trabalho de análise que explora a intuição do aluno relativamente a fatos gramaticais presentes no texto, o livro introduz os tópicos que serão tratados na seção, buscando estabelecer um elo entre eles:

> A concordância e a regência são fundamentais para a articulação entre as ideias e para a lógica do texto. Essas articulações constroem um sistema de referências internas que permitem ao leitor acompanhar as relações lógicas que o enunciador propõe entre as unidades significativas do texto, construindo sentidos. (Campos & Oda, 2020, p. 232)

Não há dúvida de que a citação – ao conceber os fenômenos como "fundamentais para a articulação entre as ideias e para a lógica do texto" por criarem "um sistema de referências internas" que garantem a coerência global – reflete a determinação dos autores em justificar não só à equipe de estudiosos responsável pela seleção dos livros que comporão as obras selecionadas para o PNLD 2021, como também à equipe escolar que adotará o material (e, claro, também aos alunos que utilizarão o livro), o tratamento conjunto dado a esses dois tópicos (a regência e a concordância) tendo em vista a articulação deles com o texto, no espírito de EM13LP15 que serve de epígrafe ao capítulo.

É, então, apresentada na sequência uma série de exemplos de verbos que mudam de significado, dependendo do complemento que selecionam (se com ou sem preposição). Ao final, o estudo da regência é concluído com um quadro em que se define a relação de regência nominal e verbal, abaixo reproduzido:

> Regência nominal é a relação entre um nome (substantivo, palavra substantivada, adjetivo ou advérbio) e seus complementos, geralmente estabelecida por uma preposição. Regência verbal é a relação entre um verbo e seus complementos (objetos diretos e indiretos) e adjuntos. (Campos & Oda, 2020, p. 240)

Como o professor interessado – cuja escola recebe o livro *Multiversos – língua portuguesa*, de Campos & Oda – pode aproveitar o expediente metodológico introduzido na seção 4.1 sobre a regência em subordinadas adjetivas? É hora de mencionar EM13LP08, que contempla um conjunto de habilidades que inclui, como objeto de conhecimento, entre outros, o estudo da subordinação. Trataremos de EM13LP08 no capítulo 5 – que se volta essencialmente à segunda frente do ensino da gramática; contudo, convém antecipar seus objetos de conhecimento aqui:

> (EM13LP08) Analisar elementos e aspectos da sintaxe do [p]ortuguês, como a ordem dos constituintes da sentença (e os efeitos que causam sua inversão), a estrutura dos sintagmas, as categorias sintáticas, os processos de coordenação e subordinação (e os efeitos de seus usos) e a sintaxe de

concordância e de regência, de modo a potencializar os processos de compreensão e produção de textos e a possibilitar escolhas adequadas à situação comunicativa. (Brasil, 2018, p. 499)

Em EM13LP08 expõe-se um conjunto de objetos de conhecimento da segunda frente, a da análise linguística (não necessariamente vinculada a fatos da norma), ao lado de objetos de conhecimento da primeira frente: a concordância e a regência. O professor que adota *Multiversos – língua portuguesa* pode, então, valer-se da ocasião para explorar a regência em subordinadas. Tendo finalizado a discussão sobre regência, propiciada pelo próprio material didático, o professor pode seguir o percurso sugerido na seção 4.1, visando, com isso, explorar os objetos de conhecimento "subordinação" e "sintaxe de regência", indicados no conjunto das habilidades de EM13LP08. Aliás, o período composto por subordinação já terá sido tratado em classe se o professor seguir o percurso recomendado pelos autores. O conteúdo "Período composto por subordinação" integra a seção "Pensar a língua" páginas antes, mais precisamente na p. 189 e seguintes. Não há por que abandonar o livro didático. Não deve tanto ser papel da Linguística Educacional propor a substituição dos tópicos e atividades sugeridos pelo livro didático do PNLD; antes, aos linguistas interessados em contribuir com a escola cumpre oferecer instrumentos metodológicos que permitam ao professor explorar os objetos de conhecimento que já integram a BNCC e, por consequência, os livros didáticos do PNLD. Repare que isso é o que se faz aqui quando explicitamente se sugere que seja seguido o percurso do livro didático relativamente aos objetos de conhecimento explorados: o estudo da regência no contexto de subordinadas – que integra EM13LP08 – pode ser explorado ao cabo do percurso sugerido pelo livro didático adotado (no caso exemplificado, o livro de Campos & Oda, 2020). Essa é a essência da segunda acepção de "Linguística na escola" (cf. seção 1.2).

O outro livro didático que explora à larga o objeto de conhecimento "regência verbal" é o *Se liga nas linguagens – português*, de autoria de Ormundo & Siniscalchi (2020). Esse objeto de conhecimento é tratado no capítulo 28, intitulado "Predicados, objetos, predicativos e adjuntos adverbiais". Entra, portanto, o estudo da regência na sequência do estudo das funções sintáticas, um objeto de conhecimento do campo da análise linguística propriamente dita.

No espírito de EM13LP15, Ormundo & Siniscalchi (2020) contemplam os fatos da regência verbal tendo em vista "sua adequação às condições de produção", considerando, portanto, o gênero textual em que a mensagem é veiculada, gênero que, por conta da monitoração estilística, fará aflorar usos linguísticos mais ou menos monitorados. Após, então, apresentar e discutir um "webquadrinho" do cartunista Yorhán Araújo (@instadevaneios), Ormundo & Siniscalchi (2020) exploram a variação potencialmente observada no emprego de *assistir* na acepção de *ver, ser expectador de*, conforme exemplificado em (5), ocorrência extraída do "webquadrinho" que integra o referido material:

(5)   Você já assistiu vários filmes.

A regência de *assistir*, em (5), é a transitiva direta, comparável à de *ver*, em (5'):

(5')   Você já viu vários filmes.

Na norma-padrão, continuam Ormundo & Siniscalchi (2020, p. 270), o verbo *assistir*, na acepção observada em (5), seria regido pela preposição *a*.[8] Explora-se, contudo, no "webquadrinho" apresentado

---

[8]   Ver, contudo, Tescari Neto & Perigrino (2024, capítulo 5): na verdade, hodiernamente, a regência desse verbo – na acepção de "ser expectador" – é

GRAMÁTICA E FORMAÇÃO DE PROFESSORES DE LÍNGUA PORTUGUESA | 147

– cuja estrutura que interessa aqui foi reproduzida em (5) – uma construção observada "[n]o uso cotidiano da língua, mesmo nas variedades urbanas de prestígio". Situações, porém, de maior monitoramento – especialmente na escrita –, lembram os autores, "mobilizarão" as regras previstas pela norma-padrão.

Há aqui uma cuidadosa exploração dos fatos da regência – tendo em conta a variação linguística e a adequação de dada forma a determinado gênero – por Ormundo & Siniscalchi (2020, p. 270ss.). Os autores apresentam uma série de exemplos em que a regência observada na norma-padrão é comparada à regência observada na "linguagem cotidiana", o que se faz preceder da seguinte advertência, por demais importante ao estudo da variação linguística:

> A seguir, você estudará alguns verbos que apresentam detalhes em sua regência. A descrição do uso conforme a norma-padrão é seguida por comentários acerca do emprego na linguagem cotidiana, menos monitorada. A opção por um ou outro uso deve considerar sempre o critério adequação linguística. (Ormundo & Siniscalchi, 2020, p. 270.)

EM13LP15 justamente prevê que o objeto "regência verbal" seja estudado em vista de sua adequação às condições de produção, levando-se em conta o gênero textual em que determinada forma figurará. Isso é explorado com bastante primor na seção. O excerto em (6), extraído de Ormundo & Siniscalchi (2020), contempla dois dos verbos do conjunto de exemplos discutidos por esses autores.

tanto transitiva indireta – conforme vemos na formulação de Ormundo & Siniscalchi (2020) – quanto direta. Aliás, Celso Luft registra, no dicionário de regência verbal (Luft, 2003, p. 79), a regência transitiva direta a esse verbo, o que se diagnostica pela possibilidade de formação da passiva para (5), conforme vemos em (i):
(i) Vários filmes já foram vistos.

(6)   *chegar, ir*
(VI, circunstância de lugar introduzida por a): *Chegou a*o colégio mais cedo hoje. *Fui a*o cinema ontem.

Nas comunicações menos monitoradas, os falantes brasileiros têm optado pela preposição *em* para introduzir a circunstância de lugar: *Cheguei em* casa cansado.

(Ormundo & Siniscalchi (2020, p. 271)).

A construção que recorre à preposição *a* – em contextos mais monitorados – é uma das opções de que dispõe o PB, para a qual há outra forma variante, registrada em "comunicações menos monitoradas" (no dizer dos autores), em que se recorre à preposição *em*: "cheguei *em* casa". Sabiamente, os autores ensinam que, a depender da situação de uso – que se revela no gênero textual em questão (fato largamente explorado por nós na seção 2.1.2) –, a opção será pela regência sugerida pela norma-padrão ou pela regência comumente registrada no PB coloquial. Faria muito mais sentido – considerando o critério de *adequação linguística*, mencionado na penúltima citação dos autores aqui reportada –, por exemplo num barzinho com os amigos, recorrer à variante "Cheguei *n*o colégio" em vez da variante "Cheguei *a*o colégio", típica de contextos escritos mais monitorados.

A discussão sobre o fenômeno da regência – à larga explorado em vista do contexto de uso – finaliza com um quadro interessante, cujos dizeres vale a pena reproduzir:

> Se a regência é tão flexível, o que devo fazer?
> Procure usar as regências previstas pela norma-padrão nas situações em que se exige um uso monitorado da língua, como a escrita de um artigo de opinião ou a apresentação de um seminário, por exemplo. A regência dos verbos e nomes modifica-se constantemente, e, em muitos casos, o uso feito pelos falantes vai se afastando das indicações contidas na norma.

GRAMÁTICA E FORMAÇÃO DE PROFESSORES DE LÍNGUA PORTUGUESA | 149

No entanto, como as comunicações formais são mais conservadoras, tendem a manter-se próximas dela. (Ormundo & Siniscalchi, 2020, p. 271)

Quanto à abordagem de objetos de conhecimento indicados em EM13LP15, o livro recomendado pelo PNLD explora com maestria a variação notada, no PB, no âmbito da sintaxe de regência, propondo uma reflexão sobre a relação entre monitoração estilística e gênero textual. No que diz, então, respeito a esse tópico, o material está em total sintonia com formulações teóricas da Linguística atual.

Feita essa breve descrição do tratamento geral do fenômeno da regência no material investigado, cumpre agora – como feito anteriormente para o material de Campos & Oda (2020) – sugerir de que maneira os instrumentos de análise apresentados na seção 4.1, relativos à regência no contexto de subordinadas adjetivas (também chamadas de relativas), podem complementar o trabalho do professor cuja turma estuda com o material de Ormundo & Siniscalchi (2020).

Uma vez que a regência é objeto de conhecimento tratado no capítulo 28 – páginas antes, portanto, do capítulo em que as orações subordinadas adjetivas são estudadas (o capítulo 31, p. 286 e ss.) –, sugere-se que, após o estudo das subordinadas adjetivas, seja introduzido o tópico aqui tratado na seção 4.1, qual seja, o do emprego da preposição em contextos de subordinadas adjetivas. O professor pode inclusive se valer da atividade 2 da seção "Oração subordinada adjetiva NA PRÁTICA", que explora um conjunto de atividades na forma de exercícios. Na atividade 2, há um excerto, na p. 289, do romance *Ainda estou aqui*, de Marcelo Rubens Paiva. Há, no texto, subordinadas adjetivas regidas por preposição. Reproduzimos duas dessas estruturas em (7-8), a seguir.

(7)   o segundo movimento de domínio corporal *do* qual nos orgulhamos imensamente

(8)   do mundo *em* que passam aviões no céu

O professor pode explorar as ocorrências em (7-8), estruturas que, consoante à explanação da seção anterior, seriam exemplos de "relativas-padrão", e explicar o emprego da preposição grifada em (7) e (8) – registrada na norma – por comparação com a estrutura típica na variedade do aluno. Como vimos na seção anterior, o PB, para além da relativa-padrão (representada em (7) e (8)), conta com relativas cortadoras (cf. (7a) e (8a), variantes de (7) e (8), respectivamente) e copiadoras (cf. (7b) e (8b), também variantes de (7) e (8), respectivamente).

(7)   a.   o segundo movimento de domínio corporal que nos orgulhamos imensamente
(8)   a.   do mundo que passam aviões no céu
(7)   b.   o segundo movimento de domínio corporal que nos orgulhamos imensamente *dele*
(8)   b.   do mundo que passam aviões no céu *nele*

Na leitura do texto explorado pela atividade 2, o professor pode sugerir que os alunos examinem as estruturas em (7) e (8) e deem os equivalentes em suas variedades – "construindo", de fato, "gramáticas" por meio da coleta de dados (no espírito do capítulo 3). É bem provável que apareçam as formulações em (7a, 8a). Será interessantíssimo se aparecerem também as formulações em (7b, 8b); caso, no entanto, não apareçam, o professor pode apresentá-las, visando, com isso, verificar se o conhecimento internalizado dos alunos – sobre o PB que aprenderam naturalmente – conta com a variante copiadora também.

Pode, então, o professor recorrer às formas em (7a, 8a) ou (7b, 8b) para, no espírito do que fizemos em 4.1 – que segue a tecnicália exposta em Tescari Neto & Perigrino (2024) –, chegar a uma compreensão da regra subjacente à formulação em (7) e (8) da norma, que figura no texto lido. Repare que não é, novamente, o caso de substituir o plano

GRAMÁTICA E FORMAÇÃO DE PROFESSORES DE LÍNGUA PORTUGUESA | 151

de trabalho sugerido pelo livro didático. Na compreensão da segunda acepção de "Linguística na escola", explorada na seção 1.2, cumpre ao linguista interessado oferecer subsídios sobretudo metodológicos que amparem o professor na execução das tarefas previstas, p.ex., nas atividades do livro didático. Aqui é momento, então, para que o professor explique a regra subjacente ao que se registra na norma em (7) e em (8). E pode fazê-lo a partir tanto das cortadoras em (7a, 8a) quanto das copiadoras em (7b, 8b). Como temos dois exemplos – e já exploramos à larga essas estruturas na seção anterior –, cuidemos, na sequência, de explicar como chegar à estrutura abonada pela norma (a relativa-padrão), partindo da relativa cortadora em (7a) e da copiadora em (8b).

Para chegar, então, à relativa-padrão em (7), a partir da cortadora em (7a), basta (*i*) elaborar uma pergunta, como fizemos em (7a'), (*ii*) substituir o antecedente pelo relativo (mantendo, claro, a preposição) (cf. (7a")) e (*iii*) "retornar" à ocorrência original (no caso (7a)), substituindo o relativo por "relativo mais preposição" do passo anterior (cf. (7a"') = (7)).

(7)   a.   o segundo movimento de domínio corporal que nos orgulhamos imensamente

       a'. nos orgulhamos imensamente *do que*? Resposta: *do segundo movimento...*

       a". do segundo movimento = do que/qual

       a"'. *Portanto*: o segundo movimento de domínio corporal do qual nos orgulhamos (= (7), ocorrência da norma).

Para chegar à relativa-padrão em (8), partindo da copiadora em (8b), basta substituir o pronome lembrete (*ele*) dentro da subordinada pelo pronome relativo; essa substituição fará aflorar a preposição *em* (cf. (8b', 8b")). Na sequência, é só extrair o relativo *que,* que carregará a preposição *em* consigo – cf. (8b"') (= (8)), ocorrência da norma.

(8)   b.   do mundo que passam aviões no céu *nele*
      b'.   nele = em que
      b".   passam aviões *em que*
      b"'. do mundo *em que* passam aviões (= (8), ocorrência da norma)

O exercício acima proposto ao professor que recorre ao material de Ormundo & Siniscalchi (2020), longe de sugerir qualquer substituição do programa estabelecido por esse livro, aproveita o conteúdo do material, inclusive implementando, em momento oportuno, uma habilidade sugerida em EM13LP15, qual seja, a de "reescrever e avaliar textos escritos e multissemióticos, considerando sua adequação às condições de produção [...], ao gênero textual em questão e suas regularidades, à variedade linguística apropriada a esse contexto e ao uso do conhecimento dos aspectos notacionais", no caso, o "aspecto" da "regência verbal".

Do que se viu na seção – e tomando como ponto de partida a segunda acepção de "Linguística na escola" (cf. seção 1.2) –, é possível explorar a intuição dos estudantes para, com isso, descrever objetos gramaticais informados na BNCC e tratados pelos livros do PNLD. Na prática, a seção sugere fazer o melhor uso possível do livro didático, complementando, com ferramentas típicas dos linguistas, o que já é abordado naqueles materiais de alcance do professor e dos alunos.

4.3 Síntese do capítulo

A epígrafe do capítulo, extraída da BNCC do Ensino Médio, mais precisamente do que lá figura sob a rubrica alfanumérica EM13LP15, foi o ponto de partida para as reflexões do presente capítulo que se propôs – tendo em conta a segunda acepção de "Linguística na escola", introduzida ainda no capítulo 1 – a ilustrar a maneira como expedientes que recorrem à intuição dos alunos podem ser abordados no ensino da norma tomada como referência.

Não se trata, porém, de sugerir que os alunos julguem ocorrências da norma; antes, trata-se de um projeto de construção de gramáticas – no espírito de Pires de Oliveira & Quarezemin (2016) –, gramáticas estas disponíveis na própria sala de aula: descrevem-se, então, as estruturas ("variantes") correspondentes na gramática internalizada dos alunos para, por comparação com a norma descrita nas gramáticas – no caso, no livro didático do PNLD –, chegar a uma compreensão da gramática da norma.

O mérito de um tal expediente metodológico não é somente possibilitar, via comparação, o acesso do aluno às estruturas da norma, mas também possibilitar o empoderamento do aluno ao mostrar o claro papel que sua gramática internalizada tem no processo todo: ela é o ponto de partida da descrição. Descreve(m)-se a(s) gramática(s) dos alunos, o que permite uma tomada de consciência sobre o quão estruturado é o seu sistema internalizado, o que contribui com um combate – consciente, porém, visto que metodologicamente orientado – de preconceitos de toda a sorte.

A seção 4.2 retomou um tópico introduzido na seção 2.1.2: o das estratégias de relativização (i.e., o de formação de orações subordinadas adjetivas). Vimos que é possível levar o aluno ao conhecimento da estratégia recomendada pela norma, a estratégia-padrão, partindo de uma descrição de estratégias de variedades do PB: a estratégia copiadora e a cortadora. A seção 4.3, ao sintetizar o tratamento da regência por dois livros didáticos aprovados pelo PNLD do Ensino Médio de 2021, sugeriu que as contribuições da Linguística Teórica ao ensino de língua portuguesa podem levar em conta o material de que dispõem alunos e professores: o livro do PNLD. Trata-se, então, de fazer o melhor uso possível do material já disponível na escola.

4.4 Cenas do próximo capítulo

O próximo capítulo, seguindo o mesmo espírito do presente capítulo – que se guia epistemologicamente pela segunda acepção de "Linguística na escola" –, volta-se mais especificamente à segunda frente do ensino de gramática, qual definida no capítulo 2: a análise linguística. O papel da intuição – via exploração de julgamentos de aceitabilidade (e na linha do que Pires de Oliveira & Quarezemin (2016) denominam de "construção de gramáticas") – será explorado considerando objetos de conhecimento informados na BNCC, mais precisamente em EM13LP08.

Para tanto, o capítulo introduzirá, na seção 5.1, um tópico caro a teorias gramaticais, a saber, a estrutura dos sintagmas e o conceito de "constituência", quais objetos de conhecimento informados em EM13LP08. A seção 5.2, que também sugere a exploração da intuição dos alunos, introduz outro objeto de conhecimento informado em EM13LP08: as categorias sintáticas e o expediente da coordenação. O tópico dessas duas seções, aliás, é bastante explorado, na esteira da BNCC, por autores dos livros didáticos recomendados pelo PNLD. As duas seções seguintes, 5.3 e 5.4, exploram as habilidades de EM13LP08 – tendo em vista as discussões de fundo mais teórico avançadas nas duas seções anteriores –, buscando oferecer sugestões ao professor que levam em conta o conhecimento do aluno (explorado sobretudo via julgamentos). Veremos, em especial na seção 5.4, que os tópicos da seções 5.1 e 5.2 têm papel fundamental inclusive no âmbito da produção textual.

5
GRAMÁTICA INTERNALIZADA
E ANÁLISE LINGUÍSTICA: EM FOCO,
O ENSINO DA SINTAXE

> (EM13LP08) Analisar elementos e aspectos da sintaxe do [p]ortuguês, como a ordem dos constituintes da sentença (e os efeito[s] que causam sua inversão), a estrutura dos sintagmas, as categorias sintáticas, os processos de coordenação e subordinação (e os efeitos de seus usos) [...], de modo a potencializar os processos de compreensão e produção de textos e a possibilitar escolhas adequadas à situação comunicativa.
>
> *Brasil*, 2018

Neste capítulo, cujo objetivo é argumentar em favor do emprego – no contexto das práticas de análise linguística no Ensino Médio e com as devidas adaptações didáticas – de alguns instrumentos diagnósticos ordinariamente utilizados por linguistas, recorremos a quatro habilidades mencionadas em EM13LP08 na BNCC do Ensino Médio, a saber: "a estrutura dos sintagmas" (seção 5.1); "as categorias sintáticas" e "a [relação de] coordenação"(seção 5.2); e, por fim, a "ordem dos constituintes na sentença". Quer-se com isso possibilitar reflexões, considerado o contexto da produção textual (seção 5.4), sobre os efeitos de sentido decorrentes de manipulações na estrutura. O lugar dos instrumentos de análise no contexto do uso dos livros didáticos do PNLD também será explorado (seção 5.3).

Introdução

No capítulo 3, a natureza do "dado" em Linguística Teórica foi mote para uma discussão sobre o lugar da introspecção não só na investigação dos linguistas, como também na aula de língua portuguesa na Educação Básica. Conforme discutido na seção introdutória àquele capítulo, a concepção de dado em Linguística Teórica só faz sentido se pensada no seio de uma abordagem teórica particular, uma vez que em Linguística "o ponto de vista cria o objeto" (Saussure, 2006, p. 15). Na verdade, tal concepção não é válida exclusivamente no âmbito da Linguística; antes, tem validade no âmbito de qualquer ciência: vimos naquele capítulo que, a julgar por Fourez (1995, p. 42), "descrever" – o filósofo, na verdade, usa o termo "observar" para essa atividade – "é fornecer [...] um *modelo teórico* daquilo que se vê, *utilizando as representações teóricas de que se dispunha*" (Fourez, 1995, p. 42 [grifos meus]). Isso significa que as concepções de determinada teoria acabam por orientar o tipo de dado a ser selecionado para a análise. Vai se lembrar o(a) leitor(a) de que naquele mesmo capítulo foi explicada uma diferença, no tocante aos dados selecionados para análise, entre o tipo de dado maiormente utilizado na investigação em Gramática Gerativa – o dado conseguido via introspecção, sobretudo por meio de tarefas de julgamentos de aceitabilidade (que permitem, com a análise adequada, extrair a "gramaticalidade" de uma dada sequência) (ver seção 3.2) – e o dado maiormente utilizado em abordagens baseadas no uso – como a Sociolinguística e as Gramáticas Funcionalistas, conseguidos especialmente, mas não exclusivamente, em *corpora* orais ou escritos.

Neste livro, tendo em vista a adoção – como eixo norteador epistemológico e metodológico – da Gramática Gerativa, a opção que se faz é pelo uso da introspecção, aferida por meio dos julgamentos de aceitabilidade. Sobre eles falamos com vagar no capítulo 3. O(a) leitor(a) certamente se lembrará de que, depois de feita, naquele capítulo – mais precisamente na seção 3.2 –, uma apresentação desse expediente metodológico, foi problematizado, na seção 3.3, o lugar deles na educação linguística enquanto instrumentos metodológicos, tanto no âmbito da primeira (seção 3.3.1) quanto no da segunda frente (seção 3.3.2).

No presente capítulo, o objetivo é ilustrar como esse expediente metodológico pode ser útil na prática de análise linguística escolar, considerada essa segunda frente. Para ir ao encontro, então, das necessidades dos professores de língua portuguesa – e com isso argumentar em favor do papel fundamental da Linguística Teórica na formação do professor de português tanto na graduação quanto em iniciativas de aperfeiçoamento continuado –, o capítulo se volta a um pequeno conjunto de objetos de conhecimento indicados na BNCC do Ensino Médio, mais especificamente os indicados na citação que serve de epígrafe a este capítulo e que, na BNCC, figuram sob a rubrica do código alfanumérico EM13LP08.

A habilidade da BNCC mencionada na citação da epígrafe envolve – tendo em conta as mais diferentes perspectivas em teoria gramatical (gerativista, funcionalista etc.) – um conjunto de conteúdos típicos de cursos universitários introdutórios à sintaxe. Se o(a) leitor(a), então, abrir um livro ou manual de introdução à sintaxe – sugerido para uma disciplina em curso de Letras ou Linguística –, vai encontrar em pelo menos um dos capítulos parte do conteúdo mencionado na epígrafe, ao menos aquele relativo a questões estruturais, i.e., a questões que dizem respeito ao (funcionamento do) sistema gramatical. Um livro bastante utilizado em cursos de Sintaxe Gerativa pelo Brasil afora, o manual de Mioto *et al.* (2013), informa, como conteúdos do que lá figura no capítulo 2, *entre outros*: 1. "a noção de sintagma" – que em

EM13LP08 da BNCC é denominado de "a estrutura dos sintagmas", conforme expresso na citação da epígrafe; 2. "o núcleo do sintagma" – que cobre, considerando a citação sobre os tópicos sugeridos em EM13LP08, o conteúdo relativo às "categorias sintáticas"; e 3. "a [relação de] coordenação" – tratada como "processo sintático envolvido nas combinações de constituintes" (Mioto *et al.*, 2013, p. 116) e, portanto, como um processo geral de estruturação sintática, o que é inclusive informado como objeto a ser trabalhado no Ensino Médio, também conforme a citação da epígrafe.[1]

Vamos, então, neste capítulo, tratar da estrutura dos constituintes ou sintagmas, com vistas a oferecer instrumentos diagnósticos de análise – que recorram, no plano metodológico, à introspecção via julgamentos – para, com isso, auxiliar o professor em seu trabalho com alguns dos tópicos desta habilidade específica da BNCC: EM13LP08.

Os três primeiros capítulos do livro se voltaram a reflexões, num plano mais conceitual, sobre os sentidos de "Linguística na escola" (capítulo 1), sobre as duas frentes do ensino de gramática (capítulo 2) e sobre o uso da introspecção – via julgamentos de aceitabilidade – como método no ensino dessas duas frentes (capítulo

---

[1] Em EM13LP08, os elaboradores da BNCC opõem os processos de coordenação e de subordinação, mencionando a importância de a análise linguística trabalhar, a partir deles, "os efeitos de seus usos" em textos. Não fica claro se a BNCC trata aqui dos processos de coordenação e de subordinação em sentido geral – o mesmo sentido empregado no manual de Mioto *et al.* (2013, p. 116 e ss.) –, i.e., em referência a processos envolvidos na construção das estruturas, ou se lá trata especificamente da articulação de orações, i.e., da coordenação e da subordinação no período composto, tópico explorado pela tradição gramatical. Essa aparente falta de clareza em EM13LP08 está longe de ser um problema: é, antes, um convite a que o professor trate esses dois processos como engendradores de estrutura tanto no âmbito do "período composto" (i.e., no âmbito da articulação de orações) quanto no âmbito do "período simples", haja vista o fato de a subordinação e a coordenação estarem, quer no período simples, quer no composto, envolvidas na produção dos enunciados (Duarte, 2013, p. 207).

3). O capítulo 4 demonstrou como é possível, ao optar sobretudo pela segunda acepção de "Linguística na escola", qual tratada na seção 1.2 – nomeadamente, a acepção que entende que "Linguística na escola" envolva, antes de mais nada, a adoção de contribuições metodológicas de teorias linguísticas ao ensino de língua materna –, valer-se da introspecção dos alunos (tópico discutido no capítulo 3) inclusive para o ensino da norma gramatical tomada como referência. Nesse sentido, o capítulo 4 valeu-se de um objeto de conhecimento mencionado na BNCC do Ensino Médio – a regência verbal e a regência nominal – para ilustrar, na prática, como a Linguística Teórica pode contribuir com subsídios metodológicos que orientam o trabalho do professor relativamente a objetos de conhecimento indicados na BNCC. Agora é a vez de fazermos o mesmo para objetos de conhecimento da segunda frente, a da análise linguística. Também no âmbito dessa frente, a segunda acepção de "Linguística na escola" será a maiormente assumida: não se trata de propor substituições ao conteúdo programático recomendado pela BNCC e já abordados nos livros didáticos; antes, trata-se de oferecer instrumentos que, com as devidas adaptações didáticas, auxiliem o trabalho do professor relativamente às habilidades já propostas na BNCC, e aqui o faremos, no plano metodológico, sugerindo que o professor de fato construa gramáticas – no sentido de Pires de Oliveira & Quarezemin (2016) –, recorrendo à introspecção (dos alunos e dos professores) relativamente aos objetos de conhecimento indicados em EM13LP08.

Quatro dos objetos dessa segunda frente, quais mencionados em EM13LP08, serão, então, tratados neste capítulo, a saber: "a estrutura dos sintagmas" (seção 5.1), "as categorias sintáticas" e "a [relação de] coordenação"[2] (seção 5.2), e, por fim, a "ordem dos constituintes na sentença" – naturalmente considerado também o contexto da

---

[2] No capítulo, não trataremos da relação de subordinação. Veja-se a esse respeito Duarte (2013).

produção textual (seção 5.4). O ensino dos objetos de conhecimento indicados em EM13LP08 tendo como referenciais os livros didáticos do Ensino Médio aprovados pelo PNLD de 2021 será explorado na seção 5.3. A seção 5.5 apresenta a síntese do capítulo. A seção 5.6 – que segue o espírito da última seção dos capítulos anteriores – deixa algumas sugestões de trabalho ao professor, em vista do que foi explorado ao longo do capítulo: as "cenas do próximo capítulo" serão um convite ao aluno de licenciatura em Letras e ao professor de língua portuguesa para que executem, em sala, um plano que leve em consideração sugestões abordadas ao longo dos capítulos.

5.1 A estrutura dos sintagmas e o conceito de "constituência"

Como mencionado na "Introdução", a BNCC contempla, para o Ensino Médio, um tópico que integra o programa de diferentes teorias gramaticais: a *estrutura dos sintagmas*. Mas o que seria um "sintagma"? Para responder a essa pergunta, consideremos a ocorrência em (1), a seguir.

(1)   Dominique deu um brinquedinho para o Ettore.

Se o(a) leitor(a) professor(a) pedir a seus alunos que "dividam" a frase em (1) em blocos ou "termos", muito possivelmente os alunos farão as divisões indicadas, em (1'), pelos colchetes.

(1')   a.   [Dominique] [deu um brinquedinho para o Ettore].
       b.   [Dominique] [deu um brinquedinho] [para o Ettore].
       c.   [Dominique] [deu] [um brinquedinho para o Ettore].

GRAMÁTICA E FORMAÇÃO DE PROFESSORES DE LÍNGUA PORTUGUESA | 161

Intuitivamente, portanto, os estudantes proporão divisões como as que vemos em (1'a, b, c), isolando assim os "termos" indicados dentro dos colchetes. Não serão, contudo, propostas divisões como as que vemos em (1"), em que sequências aleatórias são identificadas como "termos da oração":

(1") a. *[Dominique] [*deu um*] [*brinquedinho para o Ettore*].
 b. *[Dominique deu*] [*um brinquedinho para*] [o Ettore].
 c. *[Dominique] [*deu um*] [brinquedinho] [para o Ettore].

Não é qualquer sequência aleatória de palavras que pode formar um termo – ou, mais tecnicamente, um "constituinte" – em determinada sentença: as sequências italicizadas nos exemplos (1"a, b, c) não são *constituintes* em (1). Aqui, o termo *constituinte* significa "grupo de palavras" ou, mais tecnicamente, "sintagma" (do grego σύνταγμα, que, na gênese, justamente significa "composto" ou "constituição"). Um *sintagma* (ou constituinte) é, então, um grupo de palavras que, em determinada ocorrência, constitui-se como uma unidade sintática. Tal unidade se constrói em torno de um núcleo, que informalmente corresponde a uma das tradicionais classes de palavras ou partes da oração, a respeito das quais trataremos na seção 5.2.

Nosso estudante então tacitamente fará, para (1), as divisões em termos/constituintes/sintagmas em consonância com (1') e jamais em consonância com (1"). Isso porque ele tem um conhecimento implícito a respeito da gramática que aprendeu naturalmente em casa e sem treino algum (a gramática "internalizada", sobre a qual falamos na seção 3.1). Esse conhecimento implícito e individual sobre o funcionamento estrutural de sua língua materna é o que lhe possibilita produzir as estruturas em (1'), mas não as em (1"). Reconhecer os sintagmas ou constituintes da oração é parte desse conhecimento tácito que o usuário de uma língua natural já traz de casa à escola, e é papel da educação linguística explicitar esse conhecimento tácito (Cecchetto,

162 | GRAMÁTICA INTERNALIZADA E ANÁLISE LINGUÍSTICA...

2002; Tescari Neto, 2017, 2018; Tescari Neto & Perigrino, 2024), fato inclusive mencionado na "Introdução" do livro.

Há, aliás, uma série de "processos sintáticos" por nós operados quando construímos nossos textos (orais e escritos), que afetam tão somente sintagmas/constituintes/termos da oração – e jamais sequências aleatórias de palavras – e que permitem a identificação desses sintagmas. Observe que somente as sequências identificadas em (1') podem ser deslocadas a outras posições da sentença – cf., a propósito da formulação inicial em (1), as reformulações em (2) –, mas jamais as sequências aleatórias identificadas em (1'') – cf. as malformações em (3), em que sequências aleatórias de palavras de (1'') foram deslocadas:

(2) a. *Para o Ettore*, Dominique deu um brinquedinho ___.[3]
     b. *Um brinquedinho*, Dominique deu ___ para o Ettore.[4]
     c. *Um brinquedinho para o Ettore*, Dominique deu ___.

---

[3] O subtraço informalmente indica a posição natural do constituinte deslocado.
[4] Outras ordenações são possíveis – ainda que um pouco mais marcadas – como produto do deslocamento de "um brinquedinho" e "para o Ettore" na estrutura de (1):

(i) a. Dominique, PARA O ETTORE, deu um brinquedinho ___.
     b. Dominique, UM BRINQUEDINHO, deu ___ para o Ettore.

Assim, em (ia, b), *para o Ettore* e *um brinquedinho* são deslocados entre o sujeito *Dominique* e o verbo *deu*. Tais ocorrências só são possíveis se os constituintes grafados com letras maiúsculas em (a) e (b) são "prosodicamente marcados", i.e., se são realizados com entoação distinta da do resto da ocorrência. As maiúsculas colocadas por sobre *para o Ettore* em (ia) e por sobre *um brinquedinho* em (ib) indicam que esses itens estão focalizados, sendo o foco a informação não pressuposta numa sentença. Sendo esses constituintes o foco da sentença, o sintagma à esquerda, nomeadamente *Dominique*, já não ocuparia mais a posição de sujeito sentencial, mas a de tópico. Para mais, veja-se a seção 5.4; vejam-se também Tescari Neto (2021) e Quarezemin & Tescari Neto (2024).

GRAMÁTICA E FORMAÇÃO DE PROFESSORES DE LÍNGUA PORTUGUESA | 163

(3) a. *Brinquedinho para o Ettore*, Dominique deu um ___.
     b. *Um brinquedinho para*, Dominique deu ___ o Ettore.
     c. *Deu um*, Dominique ___ brinquedinho para o Ettore.

O exame de (2) e de (3) revela o óbvio: somente *constituintes* de uma determinada sequência podem ser deslocados. Isso significa que os termos em itálico em (2) são constituintes ou sintagmas da ocorrência original em (1); já as sequências italicizadas em (3) não são constituintes de (1), o que explica a malformação de (3a, b, c).

Os sintaticistas se valem de expedientes diagnósticos específicos para identificar, numa dada sequência, os termos que de fato são constituintes na referida sequência. Um desses expedientes é o "deslocamento" – também chamado de movimento e ilustrado acima. Na sequência, vamos expor outros desses expedientes. Tais ferramentas têm importância fundamental na construção de nossos textos, inclusive quando buscamos desambiguar formulações estruturalmente ambíguas (vejam-se, a esse respeito, Tescari Neto, 2017, 2018; Tescari Neto & Perigrino, 2024). Vamos, então, aos testes, considerando a ocorrência em (1) como ponto de partida.[5]

Para além do *teste do deslocamento*, há outros expedientes diagnósticos da constituência: a clivagem, a substituição por proforma, o par pergunta/resposta em interrogativas de conteúdo, a coordenação, entre outros. Comecemos pela clivagem.

A partir de (1), repetida novamente a seguir, podemos deslocar, para uma estrutura especial – formada pelo verbo *ser* (flexionado) mais *que* –, à qual se encaixa a sentença original, tão somente constituintes/sintagmas da sentença original em (1). Isso é mostrado em (4). Repare que somente constituintes em (1) podem ser deslocados

---

[5] O(a) leitor(a) interessado(a) nesses expedientes diagnósticos pode consultar também Negrão *et al.* (2003); Tescari Neto (2017, 2018); e Tescari Neto & Perigrino (2024).

para a estrutura clivada. Os termos italicizados em (3), por exemplo, não podem figurar dentro de uma clivada (cf. (5)).

(4)   a. Foi *para o Ettore* que Dominique deu um brinquedinho ___.

    b. Foi *um brinquedinho* que Dominique deu ___ para o Ettore.

    c. Foi *um brinquedinho para o Ettore* que Dominique deu ___.

(5)   a. *Foi *brinquedinho para o Ettore* que Dominique deu um ___.

    b. *Foi *um brinquedinho para* que Dominique deu ___ o Ettore.

    c. *Foi *deu um* que Dominique ___ brinquedinho para o Ettore.

Há também a *substituição por proformas*. Proformas são termos que substituem constituintes/sintagmas – e somente eles – em determinada estrutura. Novamente, tomando como base (1), os constituintes ou sintagmas nessa formulação podem ser substituídos por proformas (cf. (6)), não sendo sequer possível formular uma ocorrência em que sequências aleatórias de palavras sejam substituídas por uma proforma como o sintagma *fazer isso* (6d) ou um pronome de caso reto (6a), oblíquo (6c) ou demonstrativo (6b).

(6)   a. *Ela* deu um brinquedinho para o Ettore. [*ela* = *Dominique*]

    b. Dominique deu *isso* para o Ettore. [*isso* = *um brinquedinho*]

    c. Dominique deu-*lhe* um brinquedinho. [*lhe* = *para o Ettore*]

GRAMÁTICA E FORMAÇÃO DE PROFESSORES DE LÍNGUA PORTUGUESA | 165

d. Dominique *fez isso*. [*fez isso* = deu um brinquedinho para o Ettore][6]

Também o par *pergunta/resposta em interrogativas de conteúdo* – também chamadas de interrogativas-QU pelo fato de alguns dos pronomes interrogativos que encetam tais estruturas começarem com *qu* (*quem, quando, (o) que* etc.) – ajuda a identificar constituintes ou sintagmas em determinada sequência. Isso é mostrado, também a propósito da formulação original em (1), em (7). Não é sequer possível formular uma pergunta e responder com um dos elementos grifados em (1").

---

[6] Em PE é possível também "Dominique deu-*lho*", em que a proforma "lho" encerra dois pronomes acoplados: o pronome objeto indireto *lhe*, que substitui *para o Ettore*, e o pronome *o*, que substitui *um brinquedinho*. A substituição de *um brinquedinho para o Ettore* por *lho* garantiria, também por este teste, a constituência dessa expressão – um sintagma, portanto, em (1). Os brasileiros não temos intuição para *lho*. No entanto, o conhecimento de tal forma é importante para a compreensão de textos literários, incluindo os bíblicos. A tradução bíblica de João Ferreira de Almeida emprega à larga construções com pronomes acoplados. Uma pesquisa feita na versão *on-line* da referida tradução – disponível em <https://www.bibliatodo. com/pt/concordancia?s=lho&version=joao-ferreira-de-almeida-corrigida-1948&ant=tb&per_page=40>; acesso em 5/8/2024 – retorna uma série de construções em que *lhe* e *o* aparecem acoplados, como a que vemos em (i), a seguir:

(i)   E disse o rei a Simei: Não morrerás. E o rei lho jurou. [2 Samuel 19:23 (JFAC1948)]

A apresentação dos testes de constituência aos alunos pode ser momento oportuno para a explanação do sistema em que formas como *lho* eram possíveis, naturalmente por comparação com a variante equivalente no sistema do aluno, como em (i'):

(i')   E disse o rei a Simei: Não morrerás. E o rei jurou *isso para ele*.

(7) a. A: – *Quem* deu um brinquedinho para o Ettore?
    B: – *Dominique.*
  b. A: – *O que* Dominique deu para o Ettore?
    B: – *Um brinquedinho.*
  c. A: – *Para quem* Dominique deu um brinquedinho?
    B: – *Para o Ettore.*[7]

Repare, pelas respostas de B em (7), que *Dominique, um brinquedinho* e *para o Ettore* são constituintes em (1).

Por fim, voltemo-nos ao último dos expedientes a serem ilustrados, o da coordenação. Esse expediente é vital para identificarmos – como veremos na próxima seção – o núcleo de um dado constituinte ou sintagma. É princípio geral da coordenação que somente constituintes ou sintagmas possam ser coordenados. A partir de (1), é possível, então, coordenar os termos que figuram como constituintes naquela ocorrência. Isso é mostrado em (8).

(8) a. [*Dominique*] [e Luigi] deram um brinquedinho para o Ettore.
  b. Dominique [*deu*] [e ofertou] um brinquedinho para o Ettore.
  c. Dominique deu [*um brinquedinho*] [e um petisquinho] para o Ettore.

---

[7] Repare que podemos combinar o teste da proforma com o da interrogativa total de modo a isolar o grupo verbal (que chamaremos, na seção seguinte, de *sintagma verbal*):

(i) A: – *O que* Dominique *fez*?
   B: – *Deu um brinquedinho para o Ettore.*

A combinação desses dois instrumentos diagnósticos confirma que *deu um brinquedinho para o Ettore* é um constituinte de (1).

GRAMÁTICA E FORMAÇÃO DE PROFESSORES DE LÍNGUA PORTUGUESA | 167

d. Dominique deu um brinquedinho [*para o Ettore*] [e para o Luigi].

e. Dominique [*deu um brinquedinho para o Ettore*] [e correu].

O teste da coordenação sinaliza que os termos grifados em (8) são constituintes na sentença original em (1). Somente constituintes/ sintagmas podem ser coordenados, o que fica evidente pela malformação das ocorrências em (9), em que sequências aleatórias de palavras de (1) são coordenadas:

(9) a. *Dominique deu um [*brinquedinho para*] [e petisquinho] o Ettore.

b. */??Dominique deu um [*brinquedinho para o*] [e petisquinho para o] Ettore.

As sequências aleatórias de palavras italicizadas em (9) não são constituintes em (1), motivo que explica a agramaticalidade de tais ocorrências. Em estruturas de coordenação, contudo, pode haver cancelamento de constituintes por identidade (em ambos os membros), o que explica a boa formação de ocorrências como (10).

(10) [Dominique deu um brinquedinho para o Ettore] [e em cima do sofá].

Na verdade, (10) envolve uma estrutura subjacente próxima à que reproduzimos informalmente em (11), com cancelamento, por identidade no segundo membro coordenado (cf. o tachado simples), do constituinte idêntico que figura no primeiro membro.

(11) [Dominique deu um brinquedinho para o Ettore] [e ~~Dominique deu um brinquedinho para o Ettore~~ em cima do sofá].

Isso significa que o expediente da coordenação, embora seja um bom instrumento diagnóstico de constituência, tem de ser usado com discernimento, uma vez que, por questões de economia, constituintes que figuram em ambos os membros podem ser cancelados por identidade. Sendo assim, uma interpretação correta de (10) seria a de que *em cima do sofá* seria um constituinte de "Dominique deu um brinquedinho para o Ettore em cima do sofá", e de que "Dominique deu um brinquedinho para o Ettore" seria um constituinte em (1).

Do que se expôs até o momento, é possível chegar a uma definição *sintática* de *constituinte* ou *sintagma*: trata-se de um termo – que pode ser uma palavra sozinha ou um grupo de palavras – que, em determinada sequência, pode ser deslocado, substituído por proforma, coordenado ou clivado; tal termo também pode figurar como resposta a uma interrogativa de conteúdo ou total. Um constituinte ou sintagma se constrói em torno de um núcleo, comumente associado a uma das classes de palavras tradicionais. E é sobre isso que trataremos na próxima seção.

5.2 As categorias sintáticas e o papel da coordenação na diagnose de tais categorias

A BNCC contempla, como mencionado na epígrafe e discutido na seção de introdução a este capítulo, para além da estrutura dos sintagmas, as "categorias sintáticas". Aqui vale, antes de mais nada, uma discussão sobre o sentido de "categoria" em Linguística Teórica – e mais propriamente em teoria gramatical, haja vista que EM13LP08 claramente trata de objetos de conhecimento sintáticos. Lyons (1979, p. 285) já sinalizava a imprecisão do termo "categoria" em Linguística Geral:

[...] [a]lguns autores referem-se às partes do discurso como categorias; outros, seguindo o uso mais tradicional, restringem a aplicação do termo a certos traços associados às "partes do discurso" nas línguas clássicas, como [...] pessoa, tempo, modo etc..

Isso significa que o termo *categoria* pode ser usado tanto num sentido estrito – portanto, como referência às *partes do discurso* ou classes de palavras – quanto num sentido amplo – e, nesse caso, categoria seria qualquer traço conceitual que, nas mais diversas línguas, seria morfofonologicamente realizado (por meio de morfemas, auxiliares, morfemas presos etc. – veja-se a esse respeito Tescari Neto, 2021) ou não.

Vamos nos restringir aqui, antes de mais nada, à primeira acepção de categoria sintática, associando-a, portanto, a cada uma das partes do discurso ou classes de palavras (verbo, substantivo, adjetivo, conjunção etc.).

Conforme amplamente discutido na seção 5.1, um constituinte ou sintagma em determinada ocorrência é uma sequência não aleatória de palavras, sendo que, na sequência em questão, ele pode ser deslocado, clivado, substituído por proforma, coordenado. Um constituinte ou sintagma também pode figurar como resposta a uma interrogativa de conteúdo.

Embora tenhamos, na seção anterior, recorrido a cinco instrumentos diagnósticos para a identificação dos constituintes sintáticos, nada falamos sobre a sua estrutura interna. É hora, pois, de olhar para a estrutura interna do(s) sintagma(s).

O(a) leitor(a) vai se lembrar de que quando tratamos, na seção anterior, do teste da coordenação, mencionamos que tal expediente diagnóstico pode ser útil na identificação do núcleo de um dado constituinte ou sintagma. Consideremos, então, a ocorrência em (1), repetida por conveniência a seguir.

(1)   Dominique deu um brinquedinho para o Ettore.

Uma vez que, pelo princípio geral da coordenação, podem ser coordenados tão somente elementos de mesma categoria, podemos então coordenar, com uma determinada sequência, uma única palavra para, com isso, determinar o núcleo da sequência toda. Assim, considerando (1), valeria a formulação em (12).

(12)   [Dominique deu um brinquedinho para o Ettore] e [escapou].

Se, em (12), coordenou-se toda a sequência de (1) com um verbo, podemos dizer duas coisas a propósito de (1): a sequência completa é nucleada por um *verbo*, devendo então ser considerada minimamente um *sintagma verbal*. É o que dizem os gerativistas quando enunciam que uma categoria sintagmática é a projeção de seu núcleo (cf. Brito, 2003; Perigrino, 2020, p. 46, n. 25). Isso significa que o núcleo da expressão toda – ou sintagma – em (1) é um *verbo*, diagnosticado pelo expediente da coordenação em (12). Vale então a notação apresentada em (12'), a seguir, que explicita a categoria ou classe de *escapou*, nomeadamente o verbo, e a categoria do sintagma que o contém. No caso de *escapou*, o núcleo coincide com o sintagma todo – formado tão somente pelo próprio núcleo. No caso do primeiro membro coordenado – que corresponde à ocorrência que se quer classificar –, por ser nucleada por um V, será classificada como "sintagma verbal" (SV). O expediente da coordenação permite, portanto, a identificação de seu núcleo: se coordenamos (1) com um verbo, significa que o núcleo de (1) é o verbo *deu* e que a construção toda é *minimamente* um SV.

(12') $[_{SV}$[Dominique $[_V$ deu] um brinquedinho para o Ettore]] e $[_{SV} [_V$ escapou]].

Apliquemos agora esse mesmo expediente à ocorrência em (13), a seguir, para identificar o seu núcleo.

(13)   Luigi comeu o petisquinho do Ettore.

Se quisermos coordenar (13) com uma única palavra, teremos de recorrer também a um verbo, conforme sugerido em (13').

(13')   [Luigi comeu o petisquinho do Ettore] e [rosnou].

No espírito do que fizemos em (12') para (12), podemos usar os colchetes para identificar o núcleo de cada membro coordenado – que são, por sua vez, sintagmas –, bem como o sintagma todo, lembrando, com os gerativistas, que "uma categoria é a projeção de seu núcleo". Isso é mostrado *passo a passo* em (13"), a seguir.

(13") a.   [Luigi comeu o petisquinho do Ettore] e [rosnou]
   => identificação do núcleo:
   b.   [Luigi [$_V$ comeu] o petisquinho do Ettore] e [$_V$ *rosnou*]
   => classificação dos sintagmas:
   c.   [$_{SV}$ [Luigi [$_V$ comeu] o petisquinho do Ettore]] e [$_{SV}$ [$_V$ *rosnou*]]

O(a) caríssimo(a) professor(a) não precisa recorrer à divisão em colchetes conforme fizemos em (13"). Pode simplesmente recorrer a cores distintas de giz, por exemplo, para identificar as estruturas. Pode, por exemplo, fazer um círculo no núcleo e sublinhar o sintagma todo. O que importa é ser consistente na identificação do núcleo e do sintagma todo.

De volta a (1), podemos expandir a ocorrência original, acrescentando a ela alguns adjuntos. Isso é feito em (14).

172 | GRAMÁTICA INTERNALIZADA E ANÁLISE LINGUÍSTICA...

(14) Na cozinha, Dominique deu um brinquedinho para o Ettore.

Repare que a estrutura toda em (14) pode ser coordenada com um verbo (cf. (14')), motivo pelo qual se disse que a ocorrência original em (1) é *minimamente* um SV. Isso porque o núcleo pode ser como que "ampliado" pelo acréscimo de outras categorias. Não entraremos nesses pormenores por enquanto.

(14') [Na cozinha, Dominique deu um brinquedinho para o Ettore] e [escapou].

(14") replica o expediente já visto em (13") – para (13') –, identificando, em (b), o núcleo do sintagma todo de (14) e classificando, em (c), o sintagma (14"):

(14") a. [Na cozinha, Dominique deu um brinquedinho para o Ettore] e [escapou].
$\Rightarrow$ identificação do núcleo:

b. [Na cozinha, Dominique [$_V$ deu] um brinquedinho para o Ettore] e [$_V$ *escapou*].
$\Rightarrow$ classificação dos sintagmas:

c. [$_{SV}$ [Na cozinha, Dominique [$_V$ deu] um brinquedinho para o Ettore]] e [$_{SV}$ [$_V$ *escapou*]].

O expediente da coordenação pode ser aplicado também a sintagmas que constituem o sintagma verbal de (1). Assim, o termo *Dominique*, que figura na posição de sujeito da sentença – uma vez que o verbo concorda com seus traços de terceira pessoa do singular –, pode ser coordenado com outra palavra, conforme se vê em (15).

(15) [Dominique] e [Luigi] deram um brinquedinho para o Ettore.

Se *Luigi*, em (15), é um substantivo próprio – um *nome*, na classificação dos linguistas –, isso significa que *Dominique* também é um nome, e, por consequência, um sintagma nominal (SN). Lembre-se de que, conforme já repetido mais de uma vez, uma categoria é a projeção de seu núcleo. Assim, o expediente mostrado em (13") e (14") pode ser replicado aqui, conforme se vê em (15'), a seguir.

(15') a. [Dominique] e [Luigi] deram um brinquedinho para o Ettore.

=> identificação do núcleo:

b. [$_N$ Dominique] e [$_N$ Luigi] deram um brinquedinho para o Ettore.

=> classificação dos sintagmas:

c. [$_{SN}$ [$_N$ Dominique]] e [$_{SN}$ [$_N$ Luigi]] deram um brinquedinho para o Ettore.

Podemos expandir o sintagma nominal (SN) *Dominique* ainda mais, acrescentando determinantes – como o artigo *a* e o possessivo *minha* – e modificadores – como o adjetivo *amada* – a essa palavra, como vemos em (16).

(16)   A minha amada Dominique ...

O mesmo expediente da coordenação permite a identificação de *Dominique* como núcleo desta ocorrência:

(16) a.   [Vovó] e [a minha amada Dominique] ...

Se *vovó* é um nome (substantivo), isso significa que o núcleo de (16) é *Dominique*, também um nome; a expressão toda em (16) é, então, *minimamente* – e novamente é importante frisar a importância, aqui, do advérbio minimamente – um SN.

Consideremos, agora, a palavra *amada* em (16). Esse termo pode ser coordenado com um outro, de mesma natureza. (16b) ilustra essa possibilidade.

(16) b. a minha [amada] e [idolatrada] Dominique ...

Se *idolatrada* é um termo que qualifica um ser, nomeadamente *Dominique*, e, portanto, um adjetivo, isso significa que o termo *amada* é da mesma natureza categorial que *idolatrada*; um adjetivo também. Se uma categoria é a projeção de seu núcleo, podemos dizer que *idolatrada* e *amada* são sintagmas adjetivais (SAs). Claro que o núcleo *amada* coincide, em (16b), com o sintagma adjetival todo, mas não precisa necessariamente ser assim. Podemos incluir modificadores na estrutura do sintagma adjetival, modificadores esses que podem – *vide* o item italicizado em (16c) – indicar grau:

(16) c. a minha [*assaz* amada] e [idolatrada] Dominique...

(16c) deixa claro o que está sendo coordenado: o sintagma *assaz amada* está, todo ele, coordenado com o sintagma adjetival *idolatrada*. O advérbio de intensidade *assaz*, no caso, faz, então, parte da estrutura do sintagma adjetival *assaz amada*.

Nessa altura do campeonato, terá o(a) leitor(a) percebido que os constituintes ou sintagmas são formados em torno de um núcleo, núcleo este que pode ter modificadores. Podemos inclusive coordenar o advérbio *assaz* com um outro de mesma classe, a exemplo de *muito* (cf. (16d)).

(16) d. a minha [[muito] e [*assaz*] amada] Dominique...

Se *muito* em (16d) é um advérbio, *assaz* só pode ser também um advérbio. Isso significa que dentro do sintagma adjetival (SA) *assaz amada*, cujo núcleo é *amada* – conforme diagnosticado em (16c)) –, outros sintagmas podem figurar na estrutura. Se o adjetivo *amada* é modificado por um advérbio, esse advérbio pode se coordenar com um outro advérbio (Adv), expediente este que diagnostica o núcleo do sintagma adverbial (SAdv) que faz parte do sintagma adjetival nucleado por *amada*.

Podemos então fazer um paralelo, como o faz Donati (2008), entre as bonequinhas russas, as "matrioscas" – como as representadas na Figura 5.1, a seguir –, e os constituintes sintáticos ou sintagmas: os constituintes têm sempre a mesma estrutura e podem ser encaixados uns dentro dos outros, a exemplo das matrioscas.

Figura 5.1 – Bonequinhas russas ou "matrioscas" (reprodução fotográfica própria).

Do que se fez até o momento, podem-se tirar duas conclusões: (i) um sintagma é uma ampliação (ou projeção) de seu núcleo; e (ii) o expediente da coordenação permite identificar não só o núcleo de determinado sintagma, como também a categoria do referido sintagma. É possível, então, estender o mesmo raciocínio às outras classes de palavras como as preposições, as conjunções, os numerais etc. Não vamos fazê-lo aqui por questão de espaço. Mas é importante lembrar o(a) professor(a) de que o expediente da coordenação é um teste interessante para identificar não só o núcleo de um sintagma, como também o limite do sintagma todo, uma vez que coordenaremos um sintagma – de extensão variada – com uma única palavra, palavra esta da mesma categoria do núcleo do sintagma com o qual se coordena. Esse expediente, que recorre (por meio de julgamentos de aceitabilidade, conforme explorado à larga na presente seção) à introspecção do aluno e do professor, de simplíssima aplicação, pode ser utilizado pelo professor para explicar não só a natureza das categorias sintáticas – e seu núcleo –, como também a estrutura dos constituintes. A respeito, aliás, da estrutura dos constituintes, outros instrumentos diagnósticos podem ser utilizados – para além do expediente da coordenação – para a identificação dos constituintes ou sintagmas em determinada ocorrência, como vimos na seção anterior. Trata-se de expedientes de aplicação simples, mas de insigne riqueza (no contexto da prática de análise linguística): o professor pode deles se valer para "construir gramáticas" no sentido de Pires de Oliveira & Quarezemin (2016), explicitando – por meio de tais expedientes – o conhecimento tácito que o aluno já tem. As implicações de uma tal atividade (para além da descrição puramente estrutural) já foram sabiamente mencionadas pela equipe formuladora da BNCC no excerto de EM13LP08, que figurou como epígrafe deste capítulo e que reproduzo por conveniência a seguir:

> Analisar elementos e aspectos da sintaxe do [p]ortuguês, como a ordem
> dos constituintes da sentença (e os efeito[s] que causam sua inversão),
> a estrutura dos sintagmas, as categorias sintáticas, os processos de

coordenação e subordinação (e os efeitos de seus usos) [...], de modo a potencializar os processos de compreensão e produção de textos e a possibilitar escolhas adequadas à situação comunicativa. (Brasil, 2018, p. 499)

Há, em EM13LP08, uma percepção interessante dos autores da BNCC sobre os efeitos de sentido que decorrem das escolhas feitas no plano da estrutura. E é sobre eles que falaremos logo mais. Antes disso, porém, convém fazer uma breve reflexão sobre como o conhecimento teórico sobre a sintaxe do português – que vemos em formulações de teorias linguísticas como a Gramática Gerativa (e sobre o qual nos voltamos, nesta seção e na anterior, com as devidas adaptações didáticas ao contexto escolar, porém) – pode ser complementar ao conhecimento veiculado nos/pelos livros didáticos, o que é tópico de discussão da próxima seção.

5.3 Livros didáticos do PNLD e o ensino dos objetos de conhecimento de EM13LP08

O Programa Nacional do Livro Didático (PNLD) coloca à disposição da comunidade escolar livros didáticos que passam por rigoroso processo de seleção, que leva em conta critérios informados de antemão. Os materiais selecionados são fornecidos previamente aos professores das escolas públicas, que os estudam antes de proceder à indicação dos livros que a instituição deverá receber.

Os livros do PNLD contam com o exemplar do professor. Nessa versão, há indicações teóricas e metodológicas – geralmente em cor *pink* e na própria página a cujo conteúdo tais indicações se referem – que podem ajudar o professor na condução das atividades. Não raro, o exemplar do professor indica bibliografia ulterior que pode auxiliar no aprofundamento dos conteúdos sobre determinado objeto de conhecimento.

No capítulo 1 sobretudo, falamos do papel da Linguística Educacional. Ao discutir três possíveis formulações do que se convencionou chamar de "Linguística na escola" – mostrando, ao mesmo tempo, preferência pela segunda acepção (o que terá ficado claro ao longo dos capítulos) –, foi dito que o papel da Linguística Educacional nem deve ser o de substituir os objetos de conhecimento e habilidades indicados na BNCC; antes, cabe aos linguistas interessados em colaborar com a escola oferecer subsídios metodológicos que apoiem o professor no ensino dos objetos de conhecimento e habilidades já informados na BNCC e postos em execução no plano de atividades sugerido pelos livros do PNLD.

EM13LP08 informa um conjunto de habilidades que constituem, conforme mencionado ao longo das seções precedentes, o programa mesmo da investigação de um conjunto de teorias gramaticais. Conforme mencionamos na primeira seção deste capítulo, se abrirmos qualquer bom manual de introdução à Sintaxe Gerativa, veremos que os objetos de conhecimento indicados na epígrafe constituem tópicos informados no sumário de livros de introdução à sintaxe, o que significa que o linguista interessado pode – no espírito da segunda acepção de "Linguística na escola", discutida na seção 1.2 –, com as devidas adaptações didáticas, oferecer subsídios metodológicos – sobretudo instrumentos diagnósticos (conforme explorado acima nas seções 5.1 e 5.2) – que amparem o professor (e, naturalmente, os alunos) na execução das tarefas no âmbito da prática de análise linguística.

O professor, contudo, terá um livro ou apostila para seguir. E o livro ou apostila poderá não partir da formulação – sintática em essência – desenvolvida nas duas seções anteriores. E a questão que agora se coloca é: como o professor deve, ou melhor, pode proceder? A atitude mais iluminada – e praticada pelos bons professores – é a de fazer o melhor uso do material didático, independentemente de qual seja. No caso dos bons materiais, e aí incluímos os livros

GRAMÁTICA E FORMAÇÃO DE PROFESSORES DE LÍNGUA PORTUGUESA | 179

didáticos do PNLD, não se faz necessário o abandono pelo professor da definição e da argumentação utilizadas pelos autores do livro didático, em proveito, p.ex., de uma outra formulação que lhe pareça mais conveniente – como a apresentada nas duas seções anteriores. E como, então, o professor procederá? Tratamos nas seções 5.1 e 5.2 de um conjunto de importantes objetos de conhecimento de EM13LP08, objetos estes que constituem – e convém repeti-lo aqui – tópicos caros à teorização dos gerativistas. Esses objetos constituem também tópicos caros à teorização de outras abordagens: qualquer teoria de gramática dividirá os termos da oração em constituintes e cuidará de oferecer explicações que deem conta dos dados que descrevem.

Embora eu esteja convencido de que a estratégia sugerida nas duas seções precedentes seja de fato interessante – é a apresentada em manuais de sintaxe gerativa escritos nas mais diferentes línguas –,[8] motivo pelo qual eu a apresentei naquelas duas seções (e isso seria bastante conveniente a um estudioso de sintaxe gerativa), não penso que o professor tenha necessariamente de abandonar o percurso – ou estratégia didática de apresentação – escolhido pelos autores dos livros do PNLD, até mesmo porque o colega autor do livro didático também tem intuição sobre fatos de linguagem, e o professor inteligente – que adota o livro do PNLD – pode seguir a *démarche* usual dos linguistas quando selecionam um fenômeno ou fato linguístico para estudar: nesses casos, o linguista *elabora* uma hipótese que pode ser motivada por argumentos de natureza teórica e conceitual ou por argumentos empíricos. O professor pode se valer, como ponto de partida, do que apresenta o livro didático. Volto, contudo, a este importante ponto mais adiante. Falemos dos livros do PNLD de 2021.

---

[8] Vejam-se, a esse respeito, para o português, os manuais de Kenedy & Otero (2018), Mateus *et al.* (2003), Mioto *et al.* (2013), Oliveira (2010), Raposo (1992), entre outros; para o inglês, os manuais de Adger (2003), Carnie (2006), Haegeman (1994), entre outros; para o italiano, o manual de Cecchetto (2002) e os de Donati (2007, 2008), entre outros; e a lista se amplia para outras tantas línguas.

Se abrirmos alguns dos livros didáticos do Ensino Médio que integram o PNLD de 2021 e que tratam desses dois objetos de conhecimento inter-relacionados, indicados em EM13LP08 e que foram tópico de discussão nas duas seções precedentes – a saber, a estrutura dos sintagmas e as categorias sintáticas –, veremos que a definição que usualmente oferecem para o termo *sintagma* é sobretudo semântica ou nocional, conforme vemos nas duas definições em (17), extraídas de livros didáticos do PNLD de 2021:

(17) a. "[s]intagma é um conjunto de elementos que formam uma unidade de sentido, organizados em torno de um núcleo, o termo mais importante, pois concentra o significado do sintagma." (Campos & Oda, 2020, p. 43)

b. "Sintagma é cada unidade significativa de uma oração. Em cada sintagma há uma palavra que é um núcleo e outras, ligadas a ele, que estabelecem relação de dependência de ordem. Os núcleos dos sintagmas são as palavras que têm relevância na significação. Se forem retiradas, a oração perde o seu sentido inicial." (Chinaglia, 2020, p. 40)

As definições em (17 a, b) guardam semelhança com definições com as quais usualmente nos confrontamos em gramáticas tradicionais, manuais tradicionais de análise linguística e livros didáticos – inclusive livros que não fazem parte do PNLD. E não há nada de equivocado na apresentação, pelos autores de livros didáticos e de gramáticas, de definições semânticas para as categorias sob definição. As definições nocionais em (17a, b) cumprem o seu papel.[9] Segundo

---

[9] (17b), na verdade, recorre também a critérios sintáticos, sobretudo quando explora a relação de dependência que se pode estabelecer entre um núcleo e os sintagmas que com ele compõem um sintagma maior.

GRAMÁTICA E FORMAÇÃO DE PROFESSORES DE LÍNGUA PORTUGUESA | 181

Di Tulio (2014), aliás, a maioria das gramáticas tradicionais de línguas românicas herdou da tradição clássica o costume de optar por definições nocionais ou semânticas para as categorias identificadas. Isso porque as primeiras descrições dos gramáticos foram feitas no âmbito da Filosofia, sem que muitas vezes houvesse uma separação clara entre ambas. Os livros didáticos – e naturalmente também os livros didáticos do PNLD – tendem igualmente a optar por definições nocionais ou semânticas, o que fica visível nas definições de sintagma acima identificadas.

Embora seja obviamente plausível uma definição sintática do conceito de *sintagma* – como vimos na seção 5.1 –, a opção dos livros didáticos por uma definição semântica ou nocional está longe de equivocada. Aqui cabe, agora, para entender a plausibilidade da definição semântica dos dois livros acima mencionados, um paralelo, sobre o qual tratamos dois parágrafos antes da apresentação das definições em (17), entre o fazer do linguista e o fazer do aluno – este último guiado pelo professor de português – na prática de análise linguística em sala de aula. A formulação de uma questão de investigação envolve, da parte do linguista – e isso é próprio da *démarche* desse estudioso –, a elaboração de uma hipótese que preferencialmente possa ser empiricamente verificada.

Ora, no âmbito da sala de aula, a definição semântica ou nocional que dá o livro didático pode ser tomada pelo professor e seus alunos como uma espécie de "hipótese" de trabalho a ser verificada. Desse modo, o professor cuja escola adotou o livro de Campos & Oda ou o de Chinaglia, p.ex., pode tranquilamente valer-se da definição, essencialmente nocional, oferecida por esses livros didáticos. Na prática das atividades – oferecidas na forma de exercícios nesses mesmos livros –, o professor pode, com os alunos, analisar a plausibilidade dessas definições. Na resolução dos exercícios, então, será momento oportuno para a apresentação dos instrumentos diagnósticos indicados, p.ex., na seção 5.2, em que, a partir do expediente da coordenação, se identificou o núcleo de um sintagma. Para a identificação do sintagma todo, valerão os instrumentos diagnósticos apresentados em 5.1: os testes de constituência. É, contudo, muito possível que as definições em (17a, b) bastarão para uma correta identificação dos sintagmas nas mais variadas construções. E há uma razão teórica para tanto: embora sejam nocionais quer a definição de sintagma – trata-se de "uma unidade de sentido" (17a) ou "unidade significativa" (17b) –, quer a de núcleo – "termo mais importante [...] [que] concentra o significado do sintagma" (17a); "palavras que têm relevância na significação" (17b) –, corresponde, a cada uma dessas definições digamos conceituais, uma definição sintática; essa "definição sintática" está depositada no conhecimento que o falante tem sobre a estrutura da língua que aprendeu naturalmente em casa. Embora o livro didático evoque a definição nocional, o estudante tem, independentemente da definição explicitada, um conhecimento internalizado também *sobre a estrutura*. Quando é explicitada ao aluno a definição semântica presente no livro didático, ele implicitamente associará a referida definição ao correlato estrutural que dela tem em sua gramática internalizada.

Trocando em miúdos, isso significa que o professor pode partir das definições apresentadas, p.ex., em (17): o conhecimento tácito que o aluno tem sobre a estrutura de sua gramática internalizada lhe permitirá associar a definição semântica a uma estrutura que lhe está implícita. Isso explica por que não ocorrem erros de classificação, por mais limitadas que sejam algumas das definições semânticas das categorias com as quais lidamos na análise linguística escolar.

Por fim, embora haja, em consonância com a tradição, predileção por definições nocionais, há também livros recomendados pelo PNLD que recorrem a definições compósitas, em que concorrem critérios tanto nocionais quanto estruturais, como a que vemos em (18), a seguir.

(18) "Sintagma é uma unidade composta por um termo central (núcleo), chamado determinado. Um ou mais termos relacionados a ele, chamados determinantes, podem se associar a ele." (Oriundo & Siniscalchi, 2020, p. 204)

Repare que (18) contempla aspectos estruturais (ou sintáticos): um sintagma ser formado por um termo central ao qual se relacionam determinantes. O(a) professor(a) cuja escola recebeu, p.ex., o livro de Oriundo & Siniscalchi (2020) pode seguir a sequência sugerida nas seções 5.1 e 5.2 para apresentar tanto o conceito de constituinte ou sintagma quanto o de núcleo. Desenvolvido o percurso sugerido nas duas seções, pode retornar ao livro didático para a apresentação da definição reproduzida em (18).

À guisa de conclusão – e contemplando a segunda acepção de "Linguística na escola", a saber, aquela oferecida na seção 1.2 –, podemos dizer que seja papel do linguista comprometido com o ensino de língua portuguesa na Educação Básica (em nosso caso específico, com o ensino de gramática) oferecer subsídios sobretudo metodológicos ao professor de língua portuguesa, subsídios estes que, com as adaptações didáticas necessárias, podem ser utilizados na prática de análise linguística desenvolvida na escola. E por falar em prática de análise linguística, uma vez que tal prática deve ser desenvolvida em conjunto com as atividades de leitura e produção de textos dos mais variados gêneros – na acepção dos documentos oficiais (PCNs e sobretudo BNCC) –, cumpre, por fim, dizer alguma coisa sobre a relação entre a prática de análise linguística discutida e sugerida nas seções 5.1, 5.2 e 5.3 e a produção textual. Esse é o assunto da próxima seção.

5.4 Estrutura dos sintagmas, categorias sintáticas e produção textual: EM13LP08 em prática

A equipe da BNCC sugere, com o que propõe em EM13LP08, um plano de ensino que harmoniosamente coloca lado a lado análise estrutural – também voltada aos mecanismos responsáveis pela veiculação dos diversos sentidos associados à forma das estruturas – e produção textual. Há uma percepção, em EM13LP08, de que as estruturas gramaticais sirvam à veiculação de sentidos vários; parece, pois, ser oportuno, nesta seção, retomar aspectos tratados nas seções anteriores e, ao discutir um outro tópico muito caro às mais variadas teorias gramaticais – o da ordem dos constituintes (ou ordem de palavras), tópico este também mencionado em EM13LP08 (*vide* epígrafe) –, oferecer instrumentos que possam auxiliar o professor na condução de reflexões sobre a relação entre aspectos essencialmente estruturais da sintaxe do português – como a ordem de palavras – e os efeitos de sentido produzidos quando se recorre a ordenações distintas da canônica ou natural. Tal reflexão é de suma importância em atividades de produção de textos, tanto orais quanto escritos. Para tanto, recorreremos sobretudo às estruturas de que nos valemos para ilustrar os testes de constituência na seção 5.1.

Naquela seção, foram apresentados cinco instrumentos para a identificação dos constituintes ou sintagmas em determinada ocorrência. A partir da sentença em (1), reproduzida a seguir, foram exploradas ordenações alternativas a essa. (1) encerra a ordem canônica ou natural da frase portuguesa, não havendo um contexto pragmático ou discursivo específico para que seja proferida.

(1) Dominique deu um brinquedinho para o Ettore.

Mostramos que os "testes de constituência" têm papel fundamental na identificação da palavra ou do grupo de palavras que, em determinada ocorrência, funciona como constituinte ou sintagma. Cinco foram os testes explorados. Tais testes, conforme dissemos em 5.1, na verdade encerram manipulações à estrutura em (1), sendo que as estruturas alternativas que seguem o formato dos testes lá apresentados envolvem o que os estudiosos de teoria sintática chamam de "estrutura da informação", o que ficará claro na discussão que se segue.

Comparando a formulação em (1) com as ocorrências em (2), também repetidas a seguir, o leitor perceberá que (1) reflete, como dito, a ordem natural do português, sendo, portanto, percebida como a mais neutra relativamente às ocorrências em (2).

(2)   a.   *Para o Ettore*, Dominique deu um brinquedinho ___.
      b.   *Um brinquedinho*, Dominique deu ___ para o Ettore.
      c.   *Um brinquedinho para o Ettore*, Dominique deu ___.

As ocorrências em (2) dão destaque especial ao elemento deslocado para a posição inicial. O constituinte deslocado pode corresponder ao tópico da sentença – aquilo sobre o que se fala[10] – ou ao foco – i.e., à informação não pressuposta. Trata-se de categorias do que os estudiosos chamam de "estrutura de informação", estrutura esta que envolve questões pragmático-discursivas (o que ficará claro ao longo da explicação que se segue). Quando a sentença é pronunciada, a distinção entre essas duas categorias é clara: "o foco recebe um pico entoacional que abaixa abruptamente e se mantém baixo ao longo da sentença; o tópico, por sua vez, é separado do resto da sentença por uma pausa mais longa e sua entonação é mais plana" (Mioto, 2001,

---

[10]   Veja-se, a esse respeito, Mioto (2001) e Quarezemin & Tescari Neto (2020, 2024).

p. 108, nota 7). Naturalmente, a interpretação de um foco distingue-se da interpretação de um tópico em termos informacionais: informalmente, enquanto o tópico indica aquilo sobre o que se vai falar no comentário, i.e., na porção da sentença que normalmente segue o tópico (Pontes, 1987; Ilari, 1991; Rizzi, 1997; Mioto, 2001; Koch, 2007) – para o que valeria a definição de Oliveira (2010, p. 280): *tópico* é "uma categoria que representa um conhecimento comum, pressuposto, entre falantes em uma dada enunciação" –, o *foco* corresponde à informação não pressuposta (Rizzi, 1997; Mioto, 2001, Quarezemin, 2009). Os contextos em (19), a seguir, determinam, para o constituinte *para o Ettore* – deslocado em (2a) –, respectivamente as interpretações de tópico (em (19 aB)) e de foco (em (19 bB)).

(19) a. A: – O que aconteceu?

     B: – *Para o Ettore,* Dominique deu um brinquedinho.

  b. A: – A Dominique deu um brinquedinho para o Gigi.

     B: – *Para o Ettore*, a Dominique deu um brinquedinho.

Repare que informacionalmente – e considerando-se os contextos especificados em (19aA) e em (19bA) – a contribuição de *para o Ettore* muda sensivelmente em (19aB) e em (19bB): ao passo que no primeiro caso *para o Ettore* corresponde a uma informação compartilhada, no segundo corresponde a uma informação não pressuposta e que veicula, para esse caso específico, contraste.

Longe de querer tornar a discussão um tratado sobre a estrutura informacional da sentença,[11] a discussão que se fez acima tem a importância de mostrar – sobretudo se compararmos a ocorrência

---

[11] Remete-se o(a) leitor(a) interessado(a) a Oliveira (2010) e a Tescari Neto (2021) para aprofundamentos adicionais sobre a sintaxe da estrutura de informação. O(a) leitor(a) já iniciado em Sintaxe Gerativa pode também se aprofundar ao ler Mioto (2001), marco inicial, no Brasil, do assim chamado "Programa Cartográfico".

em (1) com as ocorrências em (19), considerados, para este último caso, os contextos (em uma conversa) dados em (19aA) e em (19bA) – que ordenações distintas dos constituintes servem a interpretações também distintas. Isso vai ao encontro do que propõe EM13LP08. O mesmo raciocínio empregado para (2a) – considerando (19) – vale para (2b, c), sobretudo se considerarmos gêneros de texto orais.

Especificamente pensando agora em gêneros de textos escritos – em que a diferença interpretativa estabelecida em (19a, b) é mais difícil de ser precisada, haja vista não termos o correlato prosódico (sobretudo a entoação) mencionado acima –, cumpre comparar os efeitos de sentido produzidos pelas ordenações em (1), (2a) e em (4a), esta última repetida a seguir.

(4) a. Foi *para o Ettore* que Dominique deu um brinquedinho ———.

Comparando essas três ocorrências – (1), (2a) e (4a) –, não fica difícil concluir que (1) seja totalmente não marcada, que (2a) seja um pouco marcada – a bem da verdade, a intuição que se tem caso se opte, num texto escrito, pela ordenação em (2a) é a de que se quer, com o deslocamento de *para o Ettore*, sinalizar aquilo sobre o que se falará na continuação da ocorrência; é como se esse elemento à esquerda preparasse o terreno para o que será dito na sequência – e que (4a) seja totalmente marcada. A estrutura clivada em (4a) é corriqueiramente não recomendada por atentos revisores de texto, os quais tendem a sugerir as ordenações em (1) ou (2a), recomendando (4a) para formulações que, no fluxo da escrita, merecerão maior atenção pelo leitor: por ser extremamente marcada, a clivada chama, num texto escrito, atenção não só para o foco da sentença – i.e., para o constituinte ensanduichado pela clivada (*para o Ettore*, no caso de (4a)) –, mas para todo o período em que a clivada figura (Tescari

Neto, 2017; Tescari Neto & Perigrino, 2024). Nesse sentido, pode-se dizer que as três estruturas (1), (2a) e (4a) servem a propósitos comunicativos distintos, de modo que o trabalho com a estrutura – sugerido em 5.1 – tem contribuição insigne para a produção textual.

Não vou me estender detalhando aqui – na perspectiva da produção textual – as outras estruturas tratadas como "testes de constituência" em 5.1. Para além da importância na veiculação de diferentes sentidos, a exemplo do que se mostrou acima (em vista de (1), (2), (4a) e (19)), os testes trabalhados em 5.1 têm importância capital também na desambiguação de estruturas sintaticamente ambíguas. Para esses casos, a leitura de Tescari Neto (2017) ou de Tescari Neto & Perigrino (2024, capítulo 8) é recomendada.

5.5 Síntese do capítulo

Embora não faça referência a nenhuma teoria gramatical em específico, EM13LP08 é um prato cheio aos linguistas que trabalham com modelos gramaticais e que estejam interessados em contribuir com a formação dos futuros professores de língua portuguesa e com a formação continuada dos professores já em atividade. O capítulo procurou, então, demonstrar como a segunda frente do ensino de gramática – a que se debruça sobre a análise linguística, sem propósitos prescritivos – pode se beneficiar de contribuições dos linguistas, sobretudo no plano metodológico (no espírito da segunda acepção de "Linguística na escola", tratada na seção 1.2).

Voltamo-nos, então, às habilidades indicadas em EM13LP08 na BNCC e escolhemos dois tópicos caros às investigações dos linguistas: a estrutura dos sintagmas e as categorias sintáticas. Oferecemos instrumentos diagnósticos para identificar os sintagmas (seção 5.1) e o núcleo de uma categoria sintática (seção 5.2). Na seção 5.3, colocamos a importante questão: como o professor – que faz uso de

GRAMÁTICA E FORMAÇÃO DE PROFESSORES DE LÍNGUA PORTUGUESA | 189

um livro didático recomendado pelo PNLD – pode proceder com as formulações sugeridas nas duas seções anteriores? Recorremos a um paralelo entre o trabalho de investigação do linguista e o trabalho do professor e aluno em sala de aula para, com base na reflexão proposta, sugerir que o professor não precisa abandonar o percurso sugerido no livro didático, mas, antes, tomá-lo como hipótese de partida. A seção 5.4, ao retomar um importante objeto de conhecimento indicado em EM13LP08, nomeadamente a relação entre a ordenação dos constituintes na sentença e os efeitos de sentido decorrentes de diferentes manipulações da estrutura, sugeriu que os tópicos tratados sobretudo em 5.1, mas também em 5.2, têm importância fundamental na compreensão e na produção de textos, o que, mais uma vez, vai ao encontro de um dos objetos de conhecimento informados em EM13LP08.

5.6 Cenas do próximo capítulo

As cenas do próximo capítulo são por sua conta, querido(a) leitor(a)! O próximo capítulo será escrito – ou, melhor dizendo, será vivido – por você, em suas práticas na sala de aula e nas pesquisas que você conduzirá para preparar suas aulas e seus projetos de ensino. Para Bortoni-Ricardo (2008), o professor é essencialmente um pesquisador de sua própria prática. Daí o propósito de dizer que os próximos capítulos correrão por conta do(a) colega professor(a) que chegou até o fim deste livro! O professor pode, a partir da diagnose das habilidades e dos objetos de conhecimento indicados na BNCC tanto do Ensino Fundamental quanto do Ensino Médio, recorrer à extensa bibliografia citada ao longo dos capítulos e reunida nas "Referências bibliográficas". Certamente, naqueles textos encontrará citados outros textos igualmente interessantes e que inequivocamente o auxiliarão na própria pesquisa.

Outras ações de formação continuada – e que sem dúvida iluminarão o fazer do professor – são os mais variados cursos oferecidos pelas secretarias de Educação, por programas de mestrado profissional e também pelas escolas de extensão universitárias. A Extecamp – a escola de extensão da Unicamp – oferece um conjunto de cursos que podem auxiliar o professor em sua formação continuada.

Os mecanismos de busca na internet podem igualmente ser ótimos instrumentos na tarefa de pesquisa do professor. Ao se defrontar com um objeto de conhecimento indicado na BNCC – e que figura como conteúdo de um livro didático ou apostila –, o professor pode recorrer ao Google Acadêmico para um acesso a livros, capítulos de livros, dissertações, teses e artigos sobre determinado tema. E muitos desses materiais são inclusive escritos com o propósito de auxiliar o professor interessado.

Então, mãos à obra!

Considerações finais

> Cumpre aos linguistas intervir para proporcionar ferramentas àqueles que não têm tempo para encontrá-las [i.e., os professores]. A tarefa mais delicada compete, contudo, aos professores, que terão de escolher o modo como utilizar tais ferramentas e em que momentos apresentá-las.
>
> *Guglielmo Cinque*

Os três primeiros capítulos introduziram um conjunto de pressupostos de natureza teórica que – para além de sua importância essencialmente instrutiva no contexto da formação dos alunos de licenciatura em Letras e no da formação continuada dos colegas professores – foram relevantes para o desenvolvimento dos capítulos 4 e 5, os quais, por sua vez, se dedicaram, no espírito da segunda acepção de "Linguística na escola" (apresentada seção 1.2), a instrumentalizar o(a) professor(a) com algumas ferramentas metodológicas para o ensino de gramática no âmbito das duas frentes apresentadas no capítulo 2: o estudo da norma tomada como referência e a análise de fatos gramaticais.

Desse modo, o capítulo 1, ao ter apresentado três acepções de "Linguística na escola", reconhecendo a importância de cada uma delas no âmbito da Linguística Educacional, sinalizou a nossa opção pela segunda acepção. Por essa segunda acepção, entende-se que não deva ser a tarefa primordial da Linguística Educacional (embora ela possa também fazê-lo) propor novas questões de análise ou novos objetos de conhecimento para o ensino de gramática – distintos dos informados na BNCC e presentes nos livros do PNLD; antes, cumpre à Linguística Educacional oferecer instrumentos sobretudo metodológicos que possam auxiliar os professores na execução de suas tarefas no âmbito das duas frentes do ensino de gramática, considerando os objetos de conhecimento informados na BNCC e que já integram o currículo escolar.

O capítulo 2 cuidou de discorrer sobre as duas frentes do ensino de gramática acima mencionadas. Para isso, revisou a tipologia de normas de Faraco (2008) e a ideia subjacente ao *continuum* tipológico dos gêneros textuais (Koch & Oesterreicher, 2013; Marcuschi, 2004, 2010), *continuum* este ao qual se sobrepõe um outro: o da monitoração estilística (Bortoni-Ricardo, 2003). Conforme vimos na seção 2.1.2, há um lugar, no entrecruzamento desses dois *continua*, para a norma tomada como referência: o de garantir a monitoração do estilo em gêneros marcados por um grau maior de monitoração estilística (Tescari Neto & Bergamini-Perez, 2023). A garantia da monitoração do estilo em gêneros estritamente formais, sobretudo os escritos (leis, decretos, teses etc.), como que justifica também o ensino da norma tomada como referência tanto na Educação Básica quanto na formação do professor. E são os professores os responsáveis, na aula de língua portuguesa, pelo ensino da norma que serve como referência. Ao apresentar a segunda frente, a da análise linguística (seção 2.2), o capítulo se voltou também a uma reflexão sobre a importância do uso da metalinguagem na análise linguística (seção 2.2.1).

Dada a orientação teórico-metodológica, em essência gerativista, do livro – e, de fato, como posto na "Introdução", a Linguística Educacional tem suas vertentes, e podemos assim falar em uma

Linguística Educacional de base gerativista, em uma Linguística Educacional de viés sociolinguístico, em uma Linguística Educacional de orientação funcionalista, em uma Linguística Educacional sociointeracionista e assim por diante –, voltamo-nos, no capítulo 3, a questões sobretudo metodológicas, relacionadas ao uso da introspecção em aulas de gramática e no âmbito de ambas as frentes. Na seção 3.1, tratamos de explicar, antes de mais nada, os diferentes conceitos de gramática, essenciais que são para o estudo das duas frentes do ensino de gramática – o que foi aprofundado, no capítulo 4, para a primeira frente, e, no capítulo 5, para a segunda. Na seção 3.2, o expediente dos julgamentos foi explicado a partir de um conjunto de ocorrências do PB. Ao cabo da seção, distinguimos o conceito de gramaticalidade do conceito de aceitabilidade, o que é por demais importante caso se queira trabalhar com a introspecção em sala de aula. O lugar dos julgamentos no âmbito das duas frentes foi discutido nas seções 3.3.1 – que cuidou de tratar da importância dessa ferramenta no âmbito da primeira frente do ensino de gramática – e 3.3.2 – que cuidou de justificar a relevância do mesmo ferramental na análise linguística (a segunda frente).

De posse dos conteúdos de cunho mais conceitual apresentados nos três primeiros capítulos, avançamos para os capítulos 4 e 5. Como dito no segundo parágrafo destas "Considerações finais", assumiu-se o espírito da segunda acepção de "Linguística na escola", discutida na seção 1.2. Considerando alguns objetos de conhecimento informados na BNCC, sobretudo na do Ensino Médio, esses dois capítulos promoveram um "diálogo" com conteúdos trabalhados em livros didáticos do PNLD do Ensino Médio (2021). Quis-se com isso mostrar que a Linguística Educacional pode contribuir com as questões que já integram o currículo escolar e que estão no horizonte do trabalho do professor. Valem nesse sentido, aliás, as palavras de Cinque (2018) na epígrafe: "Cumpre aos linguistas intervir para proporcionar ferramentas àqueles que não têm tempo para encontrá-

-las [i.e., os professores]" (Cinque, 2018, p. 110). Esse foi o espírito que norteou o percurso dos dois últimos capítulos, de viés "mais prático".

A especificidade do quarto capítulo foi o tratamento dado ao ensino da norma-padrão tomada como referência. Por aparentemente – e apenas aparentemente – mais contraditório que possa ser, o ensino da norma deve levar em conta o conhecimento internalizado que o estudante tem a respeito de sua própria gramática internalizada ou língua-I. No plano metodológico, descrevem-se variantes das línguas--Is dos alunos para, com base nessa descrição e por comparação com as variantes recomendadas na norma, propiciar uma compreensão das regras mesmas da norma tomada como referência. Para mostrar que isso é tão desejável quanto possível, ilustramos, na seção 4.1, o ensino da regência em estruturas relativas (as orações subordinadas adjetivas). Mostramos que é possível ensinar a estratégia abonada pela norma (a relativa-padrão) a partir de manipulações à estrutura das relativas copiadora (variante sociolinguisticamente estigmatizada (cf. Tarallo, 1983; Silva, 2023)) e cortadora (variante da norma comum/culta/standard). Em vez de atacar as estruturas da norma – o que não faria qualquer sentido, haja vista que à Linguística não cabe tecer juízos de valor relativamente a usos e variantes –, a seção cuidou de oferecer métodos para o ensino da norma, métodos estes que partem do próprio português que o aluno traz de casa, o que insere o livro na agenda também essencialmente política da Linguística Educacional: busca-se empoderar, pelo ensino, professores e alunos. A seção seguinte, 4.2, tratou de ilustrar como o professor pode, partindo do que está no livro didático do PNLD, valer-se, para o ensino da regência verbal, das sugestões da seção anterior, sem desconsiderar o material disponível, mas recorrendo à introspecção do aluno.

A análise linguística – com foco no ensino da sintaxe – foi o tema tratado ao longo do capítulo 5. Para isso, partimos, considerando a BNCC do Ensino Médio, de EM13LP08, que indica um conjunto de objetos de conhecimento de interesse da pesquisa dos linguistas. Para auxiliar o professor em formação continuada e o aluno de licenciatura em Letras, explicamos – recorrendo à intuição do leitor – os conceitos de sintagma e de categoria sintática (respectivamente nas seções 5.1 e 5.2). Para ensinar esses objetos de conhecimento, o professor interessado pode se valer do percurso sugerido nessas seções ou recorrer diretamente ao percurso sugerido pelos livros didáticos. Para ir ao encontro dos que optariam pela segunda alternativa, cuidamos, na seção 5.3, de fazer a ponte entre os saberes apresentados nas duas seções anteriores e os saberes propiciados por livros didáticos do PNLD de 2021 para o Ensino Médio. A seção 5.4 discutiu a relevância de questões de ordem de palavras na produção de textos, colocando, portanto, em prática o que recomenda EM13LP08.

Caro(a) estudante de licenciatura em Letras, caro(a) professor(a) em formação continuada, algumas das tantas ferramentas (metodológicas) que podem auxiliar o professor no ensino de gramática – consideradas as suas duas frentes – foram introduzidas, discutidas e ilustradas com exemplos ao longo desses cinco capítulos. As palavras de Cinque (2018), no segundo período da citação da epígrafe, aqui convenientemente reproduzidas – "[a] tarefa mais delicada compete, contudo, aos professores, que terão de escolher o modo como utilizar tais ferramentas e em que momentos apresentá--las" (Cinque, 2018, p. 110) – , dão uma dimensão da responsabilidade do(a) colega professor(a): a ele/ela cabe escolher o modo e o momento de utilizar tais ferramentas. Sugerimos alguns caminhos nos dois últimos capítulos, sobretudo considerando que o professor faz uso de um livro didático e que nem sempre sobra tempo para inovações. A tarefa mais complexa, contudo, é sempre a de quem está na linha de frente: o(a) colega professor(a).

As "Referências bibliográficas" que se seguem ao final deste livro não estão aí por acaso. O professor, pesquisador de sua própria prática (Bortoni-Ricardo, 2008) e eterno estudioso, é convidado agora a também navegar por outras boas referências! Boa leitura!

Referências bibliográficas

ADGER, D. *Core Syntax*. Oxford, Oxford University Press, 2003.

AMORIM, L. M. & SANTI, B. T. "Norma padrão, norma culta e hibridismo linguístico em traduções de artigos do *New York Times*". *Cadernos de Tradução*, vol. 39, n. 3, 2019, pp. 111-131.

AVELAR, J. O. *Saberes gramaticais: formas, normas e sentidos no espaço escolar*. São Paulo, Parábola, 2017.

AZEREDO, J. C. "A linguística, o texto e o ensino da língua: notas para continuar o debate". *Idioma*, vol. 26. Rio de Janeiro, 2014, pp. 15-21.

BAKHTIN, M. M. *Estética da criação verbal*. 2. ed. São Paulo, Martins Fontes, 1997.

BARBOSA, A. & AZEREDO, J. C. "O ensino de língua portuguesa no Brasil na primeira metade do século XX: a construção de *corpus* metalinguístico de gramáticas escolares". *Diadorim*, vol. 20, 2018, pp. 201-226.

BARBOSA, A. G. "Cientifização, redução didática e instrumentalização no ensino de língua portuguesa". Conferência para promoção a professor titular na Universidade Federal do Rio de Janeiro. Rio de Janeiro, UFRJ, 6/3/2020. Disponível em <https://is.gd/barbosa2020>; DOI:10.13140/RG.2.2.25882.57289. Acesso em 16/6/2024.

BECHARA, E. *Lições de português pela análise sintática*. 13. ed. Rio de Janeiro, Padrão, 1985.

_____. *Moderna gramática portuguesa*. 37. ed. Rio de Janeiro, Lucerna/Nova Fronteira, 2009.

BELL, A. "Language Style as Audience Design". *In*: COUPLAND, N. & JAWORSKI, A. J. (ed.). *Sociolinguistics: a Reader and Coursebook*. New York, St Mattin's Press Inc., 1984, pp. 240-250.

198 | REFERÊNCIAS BIBLIOGRÁFICAS

BISPO, M. "Problemas da linguística normativa brasileira". *Caderno Seminal*, vol. 48, 2024, pp. 18-53. Disponível em <https://doi.org/10.12957/seminal.2024.80027>. Acesso em 23/6/2024.

BONETTI, J. C. "A regência em livros didáticos do PNLD 2024: abordagens e definições". Trabalho de conclusão de curso. Campinas, Instituto de Estudos da Linguagem-Universidade Estadual de Campinas, 2024.

BORGES NETO, J. *Ensaios de filosofia da linguística*. São Paulo, Parábola, 2004.

BORTONI-RICARDO, S. M. *Educação em língua materna: a sociolinguística na sala de aula*. São Paulo, Parábola, 2003.

____. *O professor pesquisador: introdução à pesquisa qualitativa*. São Paulo, Parábola, 2008.

BRASIL. "Nomenclatura Gramatical Brasileira". Rio de Janeiro, 1959. Disponível em <https://docs.ufpr.br/~borges/publicacoes/notaveis/NGB.pdf>. Acesso em 28/8/2024.

____. *Constituição da República Federativa do Brasil*. Brasília, Centro Gráfico, 1988.

____. "Parâmetros Curriculares Nacionais – terceiro e quarto ciclos do ensino fundamental: língua portuguesa". Brasília, MEC/SEF, 1998.

____. "Parâmetros Curriculares Nacionais – ensino médio: partes I e II". Brasília, SEB/MEC, 2000.

____. "Base Nacional Comum Curricular". Brasília, MEC/SEB, 2017.

____. "Base Nacional Comum Curricular – ensino médio". Brasília, MEC, 2018. Disponível em <http://basenacionalcomum.mec.gov.br/images/historico/BNCC_EnsinoMedio_embaixa_site_110518.pdf>. Acesso em 21/11/2023.

BRITO, A. M. "Categorias sintáticas". *In*: MIRA MATEUS, M. H. *et al.* (org.). *Gramática da língua portuguesa*. 7 ed. Lisboa, Editorial Caminho, 2023, pp. 417-432.

CAMARA JUNIOR, J. M. "Erros de escolares como sintomas de tendências linguísticas no português do Rio de Janeiro". *In*: UCHÔA, C. E. F. (org.). *Dispersos de J. Mattoso Camara Junior*. Rio de Janeiro, Lucerna, 2004 (Transcrito de Romanistisches Jahrbuch, 1957).

CAMPOS, M. T. R. A. & ODA, L. K. S. *Multiversos: língua portuguesa: ensino médio*. São Paulo, FTD, 2020.

CARNIE, A. *Syntax: A Generative Introduction*. 2. ed. Oxford, Blackwell Publishing, 2006.

CASTILHO, A. "Português falado e ensino da gramática". *Letras de Hoje*, vol. 25, n. 1. Porto Alegre, 1990, pp. 103-136.

_____. *A língua falada no ensino de português*. São Paulo, Contexto, 2000.

_____. "Língua falada e ensino do português". *In*: MARTINS, M. A. & TAVARES, M. A. (org.). *Contribuições da sociolinguística e da linguística histórica para o ensino de língua portuguesa*. Natal, Editora da Universidade Federal do Rio Grande do Norte, 2013, pp. 191-212.

CECCHETTO, C. *Introduzione alla Sintassi: la teoria dei principi e parametri*. Milano, LED, 2002.

CHINAGLIA, J. V. *Linguagens em interação: língua portuguesa*. São Paulo, Ibep, 2020.

CHOMSKY, N. *Syntactic Structures*. The Hague/Paris, Mouton, 1957.

_____. *Topics in the Theory of Generative Grammar*. The Hague/Paris, Mouton, 1966.

_____. *Knowledge of Language: Its Nature, Origin, and Use*. New York, Praeger, 1986.

_____. *O conhecimento da língua. Sua natureza, origem e uso*. Trad. Anabela Gonçalves e Ana Teresa Alves. Lisboa, Caminho, 1994.

CINQUE, G. "A cosa può servire l'insegnamento della grammatica". *In*: SANTIPOLO, M. & MAZZOTTA, P. (org.). *L'educazione linguistica oggi. Nuove sfide tra riflessioni teoriche e proposte operative*. Torino, Utet, 2018, pp. 105-110 (*Scritti in onore di* Paolo E. Balboni).

COSERIU, E. "Sistema, norma y habla". *Revista de la Facultad de Humanidades y Ciencias/Universidad de la República*, n. 9. Montevidéu, 1952, pp. 113-181.

_____. *Teoría del lenguaje y linguística general: cinco estudios*. 2. ed. Madrid, Editorial Gredos, 1967.

CYRINO, S. M. L. *O objeto nulo no português do Brasil*. Londrina, EdUEL, 1997.

_____. "On richness of tense and verb movement in Brazilian Portuguese". *In*: CAMACHO-TABOADA, V. *et al*. (ed.). *Information structure and agreement*. Amsterdam/Philadelphia, John Benjamins, 2013, pp. 297-318.

DASCAL, M. & BORGES NETO, J. "De que trata a linguística, afinal?". *In*: BORGES NETO, J. *Ensaios de filosofia da linguística*. São Paulo, Parábola, 2004, pp. 31-65.

DE CONTO, L.; SANCHEZ-MENDES, L. & RIGATTI, P. C. "Speakers doing Linguistics: how epilinguistic and metalinguistic activities concern Science". *Cadernos de Linguística*, vol. 3, n. 2, 2022, e653.

200 | REFERÊNCIAS BIBLIOGRÁFICAS

DEMO, P. *Metodologia científica em ciências sociais*. 3. ed. rev. e ampl. São Paulo, Atlas, 2009.

DI TULIO, Á. *Manual de gramática del español*. 2. ed. Buenos Aires, Waldhuter Editores, 2014.

DIK, S. *The Theory of Functional Grammar*, Part I: *The Structure of the Clause*. Edited by Kees Hengeveld. Berlin, Mouton de Gruyter, 1997.

DONATI, C. *Sintassi elementare*. Roma, Carocci, 2007.

____. *La sintassi: regole e strutture*. Bologna, il Mulino, 2008.

DUARTE, I. "Linguística educacional: uma aposta, a formação de uma comunidade, um horizonte de desafios". *In*: OLIVEIRA, F. & DUARTE, I. (org.). *O fascínio da linguagem: actas do colóquio de homenagem a Fernanda Irene Fonseca*. Porto, Clup/Flup, 2008, pp. 161-172.

DUARTE, M. E. L. *A perda do princípio "evite pronome" no português brasileiro*. Campinas, Universidade Estadual de Campinas, 1995 (Tese de doutorado).

____. "Coordenação e subordinação". *In*: RODRIGUES, S. V. & BRANDÃO, S. F. (org.). *Ensino de gramática: descrição e uso*. 2. ed. São Paulo, Contexto, 2013, pp. 205-222.

DUARTE, M. E. L. & SERRA, C. R. "Gramática(s), ensino de português e 'adequação linguística'". *Matraga*, vol. 22, n. 36, 2015, pp. 31-55. Disponível em <https://www.e-publicacoes.uerj.br/matraga/article/view/17046>. Acesso em 14/6/2024.

FARACO, C. A. "Afinando conceitos". *Norma culta brasileira: desatando alguns nós*. São Paulo, Parábola, 2008, pp. 33-107.

FIGUEIREDO SILVA, M. C. "Contribuições da aquisição da linguagem para o ensino: o caso das orações relativas". *In*: GUESSER, S. & RECH, N. F. (org.). *Gramática, aquisição e processamento linguístico: subsídios para o professor de língua portuguesa*. Campinas, Pontes Editores, 2020, pp. 217-244.

FIORIN, J. L. (org.). *Introdução à linguística II. Princípios de análise*, vol. 2. São Paulo, Contexto, 2003.

FOLTRAN, M. J.; CARREIRA, M. B. & KNÖPFLE, A. "A gramática como descoberta". *Diadorim*, vol. 2. Rio de Janeiro, 2017, pp. 27-47.

FOLTRAN, M. J.; RODRIGUES, P. & LUNGUINHO, M. V. "Os estudos linguísticos e a formação do professor de educação básica: uma proposta concreta". *In*: GUESSER, S. & RECH, N. F. (org.). *Gramática, aquisição e processamento linguístico: subsídios para o professor de língua portuguesa.* Campinas, Pontes Editores, 2020, pp. 43-86.

FOUREZ, G. *A construção das ciências: introdução à filosofia e à ética das ciências.* São Paulo, Editora Unesp, 1995.

FRANCHI, C. "Criatividade e gramática". Secretaria da Educação do Estado de São Paulo. Coordenadoria de Estudos e Normas Pedagógicas. São Paulo, SE/Cenp, 1991.

____. *Mas o que é mesmo "gramática"?.* Ed. por Sirio Possenti. São Paulo, Parábola, 2006.

FREIRE, G. C. "Norma-padrão, norma gramatical e norma culta no Brasil: convergências, divergências e implicações para o ensino da escrita". *(Con)Textos Linguísticos,* vol. 14, n. 29, 2020, pp. 659-680.

GALVES, C. "V-movement, levels of representation and the Structure of S". *Letras de Hoje,* vol. 96. Porto Alegre, 1994, pp. 35-58.

GARCIA MARTINS, M. "Testando os testes: adjuntos ao nome ou argumentos do nome? Contribuições da linguística teórica ao ensino de gramática na escola". Texto de qualificação de mestrado (Linguística). Campinas, Universidade Estadual de Campinas, 2024.

GEE, J. P. "Educational Linguistics". *In*: ARONOFF, M. & REES-MILLER, J. (ed.). *The Handbook of Linguistics.* Oxford/Malden, Blackwell Publishers, 2001, pp. 647-663.

GERALDI, J. W. "Unidades básicas do ensino de português". *In*: GERALDI, J. W. (org.). *O texto na sala de aula: leitura & produção.* Cascavel, Assoeste, 1984, pp. 49-69.

GIRARDI, J. E. *Oficina de língua inventada e o ensino de conceitos linguísticos.* São Carlos, Universidade Federal de São Carlos, 2020 (Dissertação de mestrado).

GÖRSKI, E. & COELHO, I. L. *Sociolinguística e ensino: contribuições para a formação do professor de língua.* Florianópolis, Editora da UFSC, 2006.

GRAFFI, G. & SCALISE, S. *Le lingue e il linguaggio: introduzione alla linguistica.* 3. ed. Milano, Il Mulino, 2013, pp. 15-26.

GRAVINA, A. P. & GAIO, C. R. "Mudança linguística na diacronia do PB e do PE: propostas de atividades didáticas para sala de aula". *Brazilian Journal of Development,* vol. 6, n. 12. Curitiba, 2020, pp. 96.212-96.230.

GUERRA VICENTE, H. & PILATI, E. "Teoria gerativa e formação de professores de língua portuguesa". *In*: LEAL, M. S. P.; BAPTAGLIN, L. A. & LANES, E. (org.). *Estudos de linguagem e cultura regional: linguagem,*

202 | REFERÊNCIAS BIBLIOGRÁFICAS

sociedade e ensino, vol. 4. Boa Vista, Editora da Universidade Federal de Roraima, 2016, pp. 115-130.

GUIMARÃES, M. *Os fundamentos da teoria linguística de Chomsky.* Petrópolis, Vozes, 2017.

GUY, G. R. & ZILLES, A. M. S. "O ensino da língua materna: uma perspectiva sociolinguística". *Calidoscópio*, vol. 4, 2006, pp. 39-50.

HAEGEMAN, L. *Introduction to Government and Binding Theory.* Oxford, Blackwell Publishers, 1994.

HOCHSPRUNG, V. *Consciência sintática: construindo a gramática do sujeito do português brasileiro na escola.* Florianópolis, Universidade Federal de Santa Catarina, 2022 (Dissertação de mestrado).

HOCHSPRUNG, V. & QUAREZEMIN, S. "Linguística, ciência e escola: a sintaxe do sujeito". *Revista Virtual de Estudos da Linguagem*, vol. 19, 2021, pp. 164-191.

HOCHSPRUNG, V. & ZENDRON DA CUNHA, K. "Linguística na escola: é possível fazer ciência da linguagem com pré-adolescentes?". *Linguagens – Revista de Letras, Artes e Comunicação*, vol.15, n. 1, 2021, pp. 14-31. Disponível em <http://dx.doi.org/10.7867/1981-9943.2021v15n1p014-031>. Acesso em 14/6/2024.

HONDA, M. & O'NEIL, W. "Triggering science-forming capacity through linguistic inquiry". *In*: HALE, K. & KEYSER, S. J. (ed.). *The view from Building 20: Essays in honor of Sylvain Bromberger.* Massachusetts, MIT Press, 1993, pp. 229-255.

____. *Thinking linguistically: A scientific approach to language.* Malden, MA, Blackwell, 2008.

HYMES, D. "Two types of linguistic relativity". *In*: BRIGHT, W. (ed.). *Sociolinguistics.* The Hague, Mouton, 1966, pp. 114-115.

____. "On communicative competence". *In*: PRIDE, J. B. & HOLMES, J. (ed.). *Sociolinguistics: Selected Readings.* Harmondsworth, Penguin, 1972, pp. 269-293.

ILARI, R. *Perspectiva funcional da frase portuguesa.* 2. ed. Campinas, Editora da Unicamp, 1991.

____. "O estruturalismo linguístico: alguns caminhos". *In*: MUSSALIM, F. & BENTES, A. C. (org.). *Introdução à linguística: fundamentos epistemológicos*, vol. 3. São Paulo, Cortez, 2004, pp. 53-92.

____. "Linguística e ensino da língua portuguesa como língua materna". *Museu da língua portuguesa*, s.l., s.d., pp. 1-27. Disponível em <https://

museudalinguaportuguesa.org.br/wp-content/uploads/2017/09/ENSINO-COMO-LINGUA-MATERNA.pdf>. Acesso em 19/8/2023.

ILARI, R. & POSSENTI, S. "Português e ensino de gramática". Secretaria da Educação do Estado de São Paulo. Coordenadoria de Estudos e Normas Pedagógicas. São Paulo, SE/Cenp, 1985.

JACKENDOFF, R. *Semantic Interpretation in Generative Grammar*. Massachusetts, MIT Press, 1972.

JAPIASSU, H. "Como nasceu a ciência moderna?". *Nascimento e morte das ciências humanas*. Rio de Janeiro, Francisco Alves, 1978, pp. 23-59.

_____. *Introdução às ciências humanas*. São Paulo, Letras & Letras, 1994.

KANTHACK, G. *Clíticos no português brasileiro*. Florianópolis, Universidade Federal de Santa Catarina, 2002 (Tese de doutorado em Linguística).

KATO, M. A. *No mundo da escrita: uma perspectiva psicolinguística*. São Paulo, Ática, 1986.

_____. "A gramática do letrado: questões para a teoria gramatical". *In*: MARQUES, M. A. *et al.* (org.). *Ciências da linguagem: trinta anos de investigação e ensino*. Braga, Cehum, 2005, pp. 131-145.

KENEDY, E. "As relativas preposicionadas padrão são naturais aos falantes do português do Brasil? Evidências de pesquisa experimental em psicolinguística". *Via Litterae*, vol. 2, 2010, pp. 58-74. Disponível em <https://www.revista.ueg.br/index.php/vialitterae/article/view/5404/3652>. Acesso em 16/6/2024.

KENEDY, E. & OTHERO, G. *Para conhecer sintaxe*. São Paulo, Contexto, 2018.

KOCH, I. G. V. "Estratégias de tematização e rematização". *In*: CASTILHO, A. T. *et al.* (org.). *Descrição, história e aquisição do português brasileiro*. Campinas, Pontes Editores; São Paulo, Fapesp, 2007, pp. 299-311.

KOCH, P. & OESTERREICHER, W. "Linguagem da imediatez – linguagem da distância: oralidade e escrituralidade entre a teoria da linguagem e a história da língua". Trad. Hudinilson Urbano e Raoni Caldas. *Linha d'Água*, vol. 26, n. 1. São Paulo, 2013, pp. 153-174. Disponível em <https://revistas.usp.br/linhadagua/article/view/55677/60935>. Acesso em 19/1/2025.

KUHN, T. S. *The Structure of Scientific Revolutions*. Chicago, University of Chicago Press, 1962.

KURY, A. G. *Novas lições de análise sintática*. 2. ed. São Paulo, Ática, 1985.

LONGOBARDI, G. *Lezioni di sintassi generale e comparata*. 2. ed. Veneza, Editoria Universitaria, 1991.

204 | REFERÊNCIAS BIBLIOGRÁFICAS

LOPES ROSSI, M. A. G. "Estudo diacrônico sobre as interrogativas do português do Brasil". *In*: ROBERTS, I. & KATO, M. (org.). *Português brasileiro: uma viagem diacrônica*. Campinas, Editora da Unicamp, 1993, pp. 241-266.

LUCCHESI, D. & LOBO, T. "Aspectos da sintaxe do português brasileiro". *In*: FARIA, I. H. *et al*. (org.). *Introdução à linguística geral e portuguesa*. Lisboa, Caminho, 2005, pp. 303-311.

LUFT, C. P. *Dicionário prático de regência verbal*. 8. ed. São Paulo, Ática, 2003.

LUNGUINHO, M. *et al*. "Contribuições dos estudos gramaticais à produção de textos". *In*: DIAS, J. F. (org.). *Ler e (re)escrever textos na universidade: da prática teórica e do processo de aprendizagem-ensino*. Campinas, Pontes Editores, 2018, pp. 313-337.

LUNGUINHO, M. V.; GUERRA VICENTE, H. S. & MEDEIROS JUNIOR, P. "Seleção, constituência e pontuação: uma proposta formal para o ensino da vírgula em português". *In*: GUESSER, S. & RECH, N. F. (org.). *Gramática, aquisição e processamento linguístico: subsídios para o professor de língua portuguesa*. Campinas, Pontes Editores, 2020, pp. 139-189.

LYONS, J. *Introdução à linguística teórica*. Trad. Rosa V. Mattos e Silva e Hélio Pimentel. São Paulo, Editora Nacional/Edusp, 1979.

MAIA, M. A. R. (org.). *Psicolinguística e metacognição na escola*. Campinas, Mercado de Letras, 2019.

MALMBERG, B. *A língua e o homem: introdução aos problemas gerais da linguística*. Rio de Janeiro, Nórdica, 1976.

MARCUSCHI, L. A. *Da fala para a escrita: atividades de retextualização*. 5. ed. São Paulo, Cortez, 2004.

____. "Perplexidades e perspectivas da linguística na virada do milênio". *DLCV*, vol. 3, n. 1. João Pessoa, 2005, pp. 11-36. Disponível em <https://periodicos.ufpb.br/ojs2/index.php/dclv/article/view/7472>. Acesso em 31/8/2024.

____. "Gêneros textuais: definição e funcionalidade". *In*: DIONISIO, A. P.; MACHADO, A. R. & BEZERRA, M. A. *Gêneros textuais & ensino*. São Paulo, Parábola, 2010, pp. 19-38.

MARTELOTTA, M. E. (org.). *Manual de linguística*. São Paulo, Contexto, 2010.

MARTINS, M. A.; VIEIRA, S. R. & TAVARES, M. A. (org.). *Ensino de português e sociolinguística*. São Paulo, Contexto, 2014.

MATEUS, M. H. M. & VILLALVA, A. *O essencial sobre linguística*. Lisboa, Caminho, 2006.

MEDEIROS JUNIOR, P. *Gramática sim, e daí? Reflexões acerca do ensino de gramática nos anos iniciais da educação básica*. Curitiba, CRV, 2020.

MENDONÇA, M. "Análise linguística no ensino médio: um novo olhar, um outro objeto". *In*: BUNZEN, C. & MENDONÇA, M. *Português no ensino médio e formação de professor*. São Paulo, Parábola, 2006, pp. 199-226.

MINUSSI, R. D. "ReVEL na escola: gramática formal e ensino". *ReVEL*, vol. 19, n. 37, 2021, pp. 1-10.

MIOTO, C. "Sobre o sistema CP no português brasileiro". *Revista Letras*, vol. 56, 2001, pp. 97-139. Disponível em <https://revistas.ufpr.br/letras/article/view/18409>. Acesso em 26/8/2024.

MIOTO, C.; FIGUEIREDO SILVA, M. C. & LOPES, R. *Novo manual de sintaxe*. São Paulo, Contexto, 2013.

MIRA MATEUS, M. H. *et al*. (org.). *Gramática da língua portuguesa*. 7 ed. Lisboa, Editorial Caminho, 2003.

MORAES, L. P. "A questão da norma padrão na perspectiva da sociolinguística variacionista: debatendo e combatendo o preconceito linguístico". *Anais do XXIII CNLF*: textos completos, tomo II, 2019, pp. 124-134. Disponível em <http://www.filologia.org.br/xxiii_cnlf/completo/a_questao_LAYLLA.pdf>. Acesso em 31/8/2024.

MOUNIN, G. *Introdução à linguística*. Lisboa, Livros Horizonte, 1997.

MUSSALIM, F. & BENTES, A. C. (org.). *Introdução à linguística: domínios e fronteiras*, vol. 1. São Paulo, Cortez, 2001a.

____. *Introdução à linguística: domínios e fronteiras*, vol. 2. São Paulo, Cortez, 2001b.

NEGRÃO, E. V. *et al*. "Sintaxe: explorando a estrutura da sentença". *In*: FIORIN, J. L. (org.). *Introdução à linguística II*. São Paulo, Contexto, 2003, pp. 81-109.

NEVES, M. H. M. *Gramática na escola*. São Paulo, Contexto, 1990.

OKASHA, S. *Philosophy of Science: a Very Short Introduction*. New York, Oxford University Press, 2002.

OLIVEIRA, F. *Gramática da linguagem portuguesa*. Vila Real, Centro de Estudos em Letras da Universidade de Trás-os-Montes e Alto Douro, 2007 [1536].

OLIVEIRA, M. S. D. *Análise sintática do português falado no Brasil*. Rio de Janeiro, Multifoco, 2010.

206 | REFERÊNCIAS BIBLIOGRÁFICAS

ORMUNDO, W. & SINISCALCHI, C. *Se liga nas linguagens: português – manual do professor.* São Paulo, Moderna, 2020.

PAGOTTO, E. G. *A posição dos clíticos em português: um estudo diacrônico.* Campinas, Universidade Estadual de Campinas, 1992 (Dissertação de mestrado).

____. "Norma e condescendência; ciência e pureza". *Língua e instrumentos linguísticos*, vol. 2, 1998, pp. 49-68.

____. "A norma das constituições e a constituição da norma no século XIX". *Revista Letra*. Rio de Janeiro, 2013, pp. 31-50.

PEREIRA, B. K. "Sintaxe gerativa e ensino de gramática: contribuições de estudos em PB dialetal". *Revista do GEL*, vol. 17, n. 3, 2020, pp. 234-259.

PEREIRA, G. S. "O ensino das preposições na educação básica". Campinas, Universidade Estadual de Campinas, 2021 (Monografia de graduação em Letras – Língua Portuguesa).

____. *Preposições verdadeiras e "não-verdadeiras": uma proposta teoricamente orientada para a análise linguística na educação básica.* Campinas, Universidade Estadual de Campinas, 2024 (Dissertação de mestrado em Linguística).

PERIGRINO, M. *Os advérbios no ensino de língua portuguesa: livros didáticos, metodologia gerativa e teoria da gramática.* Campinas, Universidade Estadual de Campinas, 2020a (Dissertação de mestrado em Linguística).

____. "Gramática gerativa em sala de aula: (re)pensando o ensino da classe dos advérbios". *In*: GOMES, A. P. Q. & TESCARI NETO, A. (org.). *A interface sintaxe-semântica: adjetivos e advérbios numa perspectiva formal.* Campinas, Pontes Editores, 2020b, pp. 179-202.

PEZATTI, E. G. "Gramática discursivo-funcional: uma breve apresentação". *Construções subordinadas na lusofonia: uma abordagem discursivo-funcional.* São Paulo, Editora Unesp Digital, 2016, pp. 15-39.

PILATI, E. *Linguística, gramática e aprendizagem ativa.* São Paulo, Pontes Editores, 2017.

PILATI, E. *et al.* "Educação linguística e ensino de gramática na educação básica". *Linguagem & Ensino (UCPel)*, vol. 14, 2011, pp. 395-425.

PIRES DE OLIVEIRA, R. "A linguística sem Chomsky e o método negativo". *ReVEL*, vol. 8, n. 14, 2010, pp. 1-19.

____. "Linguística: um laboratório a céu aberto. Reflexões sobre o ensino". *In*: GUESSER, S. (org.). *Linguística: pesquisa e ensino.* Boa Vista, Editora da Universidade Federal de Roraima, 2016, pp. 155-172.

PIRES DE OLIVEIRA, R. & QUAREZEMIN, S. *Gramáticas na escola.* Petrópolis, Vozes, 2016.

PONTES, E. *O tópico no português do Brasil.* Campinas, Pontes Editores, 1987.

POSSENTI, S. "Gramática e política". *In*: GERALDI, J. W. (org.). *O texto na sala de aula: leitura & produção.* Cascavel, Assoeste, 1984, pp. 31-39.

____. *Por que (não) ensinar gramática na escola.* Campinas, Mercado de Letras, 1996.

QUAREZEMIN, S. *As estratégias de focalização no português brasileiro – uma abordagem cartográfica.* Florianópolis, Universidade Federal de Santa Catarina, 2009 (Tese de doutorado em Linguística).

QUAREZEMIN, S. & TESCARI NETO, A. (org.). *A sintaxe do português brasileiro em perspectiva cartográfica.* Campinas, Pontes Editores, 2020.

QUAREZEMIN, S. & TESCARI NETO, A. "A propósito dos vinte e cinco anos do Programa Cartográfico no Brasil: hierarquias cartográficas e explanação teórica". *Estudos Linguísticos e Literários*, vol. 77. Salvador, 2024, pp. 470-531. Disponível em <https://periodicos.ufba.br/index.php/estudos/article/view/61694>. Acesso em 26/8/2024.

RAJAGOPALAN, K. *Por uma linguística crítica: linguagem, identidade e questão ética.* São Paulo, Parábola, 2003.

RAPOSO, E. P. *Teoria da gramática: a faculdade da linguagem.* 2. ed. Lisboa, Caminho, 1992.

RIZZI, L. "The fine structure of the left periphery". *In*: HAEGEMAN, L. (ed.). *Elements of grammar: handbook of generative syntax.* London, Klwer Academic Publishers, 1997, pp. 281-337.

ROBERTS, I. & KATO, M. (org.). *Português brasileiro: uma viagem diacrônica.* Campinas, Editora da Unicamp, 1993.

ROCHA LIMA, C. H. *Gramática normativa da língua portuguesa.* 49. ed. Rio de Janeiro, José Olympio, 2011.

SANTOS, L. W. *et al. Análise e produção de textos.* São Paulo, Contexto, 2013.

SAUSSURE, F. *Curso de linguística geral.* Trad. Antônio Chelini, José Paulo Paes e Izidoro Blikstein. 27. ed. São Paulo, Cultrix, 2006.

SETTE, G. *et al. InterAção Português.* São Paulo, Editora do Brasil, 2020.

SILVA, J. F. *Orações relativas cortadoras: entre a normatividade e a normalidade.* Rio de Janeiro, Universidade do Estado do Rio de Janeiro, 2023 (Tese de doutorado em Letras).

SOUZA, R. F. "Política curricular no estado de São Paulo nos anos 1980 e 1990". *Cadernos de Pesquisa*, vol. 36, n. 127, 2006, pp. 203-221.

TARALLO, F. *Relativization strategies in Brazilian Portuguese*. Pensilvânia, Universidade da Pensilvânia, 1983 (Tese de doutorado).

TELES, E. R. & LOPES, R. E. V. "Linguística formal como ensino de ciência na escola básica: uma experiência nas aulas de português". *Revista da Abralin*, vol. 17, n. 1, 2019, pp. 110-150.

TESCARI NETO, A. *On Verb Movement in Brazilian Portuguese: a Cartographic Study*. Venezia, Università Ca'Foscari di Venezia, 2013 (Tese de doutorado).

_____. "Constituência sintática, ambiguidade estrutural e aula de português: o lugar da teoria gramatical no ensino e na formação do professor". *Working Papers em Linguística*, vol. 18, n. 2, 2017, pp. 129-152.

_____. "Análise linguística na educação básica com ambiguidade". *In*: NASCIMENTO, L. & CLEMENTE DE SOUZA, T. C. (org.). *Gramática(s) e discurso(s): ensaios críticos*. Campinas, Mercado de Letras, 2018, pp. 173-206.

_____. *Sintaxe gerativa: uma introdução à cartografia sintática*. Campinas, Editora da Unicamp, 2021.

_____. "A vez da 'metalinguagem': por uma análise sintática 'crítica' na educação básica". *Revista Linguística*, vol. 17, 2022, pp. 206-230.

_____. "Teorias linguísticas e ensino de língua portuguesa: da teoria às propostas ao ensino". Exemplar do conjunto da produção acadêmica apresentado à banca examinadora do concurso de provas e títulos para obtenção do título de livre-docente na área de Teorias Linguísticas e Ensino de Língua Portuguesa. Campinas, Instituto de Estudos da Linguagem-Universidade Estadual de Campinas, 2023.

TESCARI NETO, A. & BERGAMINI-PEREZ, J. F. "Normas gramaticais e análise linguística: o lugar dos julgamentos de gramaticalidade na aula de língua portuguesa". *Cadernos de Estudos Linguísticos*, vol. 65, 2023, pp. 1-23.

TESCARI NETO, A.; BERGAMINI-PEREZ, J. F. & LIMA, B. F. "Diagnosing features in syntactic derivation: the role of adverbs". Comunicação apresentada no "Adverbs and adverbials at the form-meaning interface: diachronic and synchronic perspectives (AAFMI 2022)". Göttingen, Universidade de Göttingen, maio de 2022.

TESCARI NETO, A. & PEREIRA, G. S. "Julgamentos de gramaticalidade na pesquisa, no ensino e na extensão: popularizando a metodologia da análise gerativa na formação (continuada) de professores". *Revista*

Internacional de Extensão da Unicamp, 2(00), e021003, 2021. Disponível em <https://econtents.bc.unicamp.br/inpec/index.php/ijoce/article/view/14031>. Acesso em 31/8/2024.

TESCARI NETO, A. & PERIGRINO, M. "O verbo e o substantivo em livros didáticos: contribuições da gramática gerativa às aulas de português". *Revista da Abralin*, vol. 17, n. 1, 2019, pp. 152-191.

____. *Gramática na ponta do lápis*. Rio de Janeiro, Lexikon, 2024.

TESCARI NETO, A. & SOUZA DE PAULA, W.M. "O lugar das normas gramaticais e das práticas de análise gramatical no ensino básico e na formação dos professores de língua portuguesa no Brasil". *Revista Internacional em Língua Portuguesa*, vol. 40, 2021, pp. 93-117.

TESCARI NETO, A. & TONELI, P. M. "Resenha de Pires de Oliveira, Roberta; Quarezemin, Sandra – 'Gramáticas na escola'. Petrópolis, Vozes, 2016, 184p.". *Revista Linguagem & Ensino*, vol. 21, n. 1, 2019, pp. 449-461.

TRAVAGLIA, L. C. *Gramática e interação: uma proposta para o ensino de gramática no 1º e 2º graus*. 8. ed. São Paulo, Cortez, 2002.

VANDRESEN, P. "A linguística no Brasil". *ComCiência: revista de jornalismo científico*. SBPC/Labjor, 2001. Disponível em <https://www.comciencia.br/dossies-1-72/reportagens/linguagem/ling15.htm>. Acesso em 29/8/2024.

VIEIRA, S. R. "Variação linguística, texto e ensino". *Revista (con)textos linguísticos*, vol. 1, 2009, pp. 53-75.

____. "Três eixos para o ensino de gramática". *Gramática, variação e ensino: diagnose e propostas pedagógicas*. São Paulo, Blucher, 2018, pp. 47-60.

Título	Gramática e formação de professores de língua portuguesa
Autor	Aquiles Tescari Neto
Coordenador editorial	Ricardo Lima
Secretário gráfico	Ednilson Tristão
Preparação dos originais	Luis Dolhnikoff
Revisão	Lúcia Helena Lahoz Morelli
Editoração eletrônica	Ednilson Tristão
Design de capa	Ana Basaglia
Formato	14 x 21 cm
Papel	Avena 80 g/m^2 – miolo
	Cartão supremo 250 g/m^2 – capa
Tipologia	Minion Pro
Número de páginas	216

ESTA OBRA FOI IMPRESSA NA GRÁFICA EME
PARA A EDITORA DA UNICAMP EM JUNHO DE 2025.

Série EXTENSÃO UNIVERSITÁRIA

Alternativas sistêmicas rumo
à sustentabilidade da vida

*Paulo Sérgio Fracalanza
Rosana Icassatti Corazza
(org.)*

Arranjo aplicado à música brasileira

Paulo Tiné

Cosmetologia clínica e cuidado
farmacêutico para a saúde da pele

*Gislaine Ricci Leonardi
Mariane Massufero Vergilio*

Divulgação científica, produção textual e práticas extensionistas

Anna Christina Bentes
Caio Mira
Anderson Carnin

Fundamentos interdisciplinares da musicologia sistemática

José Eduardo Fornari Novo Junior

Gramática e formação de professores de língua portuguesa

Aquiles Tescari Neto

Música e educação na trajetória da Orquestra Sinfônica da Unicamp

Lenita Waldige Mendes Nogueira

Princípio educativo e práticas extensionistas do Programa Olhos no Futuro

Danúsia Arantes Ferreira
Roberta Ceriani
Luiz Carlos Pereira da Silva
(org.)

Uma abordagem interdisciplinar da gestão do conhecimento

Antonio Carlos Zambon
Gisele Busichia Baioco
Pedro Fernandes da Anunciação